本书由上海科普图书创作出版专项资助

宜人境筑的探索者

——戴复东　吴庐生

柴育筑　著

同濟大學 出版社
TONGJI UNIVERSITY PRESS

图书在版编目(CIP)数据

宜人境筑的探索者——戴复东、吴庐生/柴育筑著. --上海:同济大学出版社,2011.2

ISBN 978-7-5608-4465-7

Ⅰ.①宜… Ⅱ.①柴… Ⅲ.①戴复东-传记②吴庐生-传记 Ⅳ.①K826.16

中国版本图书馆 CIP 数据核字(2010)第 250131 号

本书由上海科普图书创作出版专项资助

宜人境筑的探索者——戴复东 吴庐生

柴育筑 著

责任编辑 封云 曾广钧 **责任校对** 杨江淮 **封面设计** 陈益平

出版发行 同济大学出版社 www.tongjipress.com.cn
(地址:上海市四平路 1239 号 邮编:200092 电话:021-65985622)
经　　销 全国各地新华书店
印　　刷 苏州望电印刷有限公司
开　　本 850mm×1168mm 1/32
印　　张 5.25
印　　数 1-1500
字　　数 117 000
版　　次 2011 年 2 月第 1 版 2011 年 2 月第 1 次印刷
书　　号 ISBN 978-7-5608-4465-7

定　　价 18.00 元

本书若有印装质量问题,请向本社发行部调换 版权所有 侵权必究

目录

第一章 军旅童年

父比日，母比月，日因光线之辐射，其真面目虽不易观测清楚，但其温暖之心，则所照临之处，靡不沾其恩惠。父亲因人事纠缠，对家庭态度，偶亦有失真之处，但其存心，则如太阳一样公正而慈惠也。母比月，月光灿烂，和蔼可亲，其始终之面目任人辨认，母爱之伟大，盖基于此。

——戴安澜给儿子戴复东的信

时光倒退至 1928 年，4 月 25 日一个男孩戴复东出生了。

时间再往前推 4 年，1924 年 1 月，孙中山在广州主持召开中国国民党第一次全国代表大会，确定联俄、联共、扶助农工三大政策，改组国民党，实现了第一次国共合作，随后在广州黄埔创办了中国国民党陆军军官学校，即黄埔军校。戴复东的身世与黄埔军校有渊源。

父亲是黄埔军人

戴复东出生在广州。他日后长大的面容，宽宽的额头下是大大的眼睛和略微下陷的眼窝，颇有点广东人的模样，这点很像母亲，他遗传了母亲的基因。不过，他的父亲和母亲都不是广东人，祖上也没有广东人。他的父亲和母亲都是安徽无为县人。他的父亲叫戴安澜，这时是黄埔军校毕业的军人，日后是彪炳青史的抗日名将。父亲和母亲 1927 年 1 月 5 日在广州结婚。次年，1928 年 4 月 25 日戴复东出生。

戴复东的母亲姓王，生于 1907 年，她的家在无为县昆山乡。戴王两家是表亲，婚姻由两家父母定下。王家地处偏僻山区，家境贫寒。母亲小时候与其他女孩一样，缠过小脚。结婚时，她没有名字，目不识丁。结婚后，戴复东的父亲为她取名“荷心”。意思是：作为军人的妻子，今后的生活会像莲心一样，有苦涩的味道，因此必须有含辛茹苦之心和坚韧的精神。

无为县在安徽省中部，行政上曾经隶属于芜湖地区，现在隶属于巢湖地区。该县地处江淮之间，地形平坦，水利方便，自然条件利于农业，历史上一直是鱼米之乡。

戴复东的父亲戴安澜出生于 1904 年 11 月 25 日，家在无为县仁泉乡风和村，历史上仁泉乡又称练溪乡。

戴安澜有一位关系非常好的堂弟叫戴子庄，他日后是一位有学问的知识分子，从事水利工作，1949年去了台湾。戴子庄对自己的家族进行过考证，戴家的祖上是由中原逃难到仁泉乡，而后繁衍起来的。

戴安澜的祖父名戴昌淦，是前清的贡生，文章写得好，在乡里很有名气，他以耕读传家。到了他父亲戴礼明，家中则以务农为业，并不富裕。

戴安澜原名戴衍功，6岁的时候，家人把他送到本地私塾里读书，取学名"炳阳"。后来他到黄埔军校，自己起名"安澜"，同时自号"海鸥"，意味着要有海鸥那样搏击风雨、翱翔长空的精神，安定社会和国家。

1918年秋天，安徽桐城县里的晚清名士周绍峰应邀来风和村设塾馆，戴安澜这年14岁，入馆就学，每天读古文，练毛笔字，打下了很好的国文基础。先生十分看好这个学生，称赞说："此子禀赋优异，后必有成。"

1922年，戴安澜18岁，考进了设在南京的安徽公学，读高中一年级，当时的校长是著名教育家陶行知。才读了一年，时局动荡，学校停办，他回到家乡，一面自修高中课程，一面教些孩子读书。当时的生活变得非常清苦。日后，他对妻子说起，有时中午下课回家，掀开灶房里的锅盖，看见里面空空的，什么也没有，就从旁边的水缸里舀一瓢水，充充饥。

族里有一位叔祖公，叫戴端甫，戴安澜非常尊重他，称其为端公。端公早年毕业于保定军官学校第三期，1924年，在广东建国粤军第四师任团长。他追随孙中山，投身革命。黄埔军校开办，第一期招生，他写信到家乡，动员族里的戴翔天、戴日新、戴蔚文和戴安澜叔侄四人到广东投报黄埔军校，参加革命。他在信里写道："我写信让你们来是参加革命打倒列强的，不是来做官享福的，到这里参加革命不仅不能享福，还可能丢掉性命。"

在家乡，由于吃不饱饭，戴安澜体质较差。军校新生考试有一项体能测试，跑长跑，戴安澜没通过。虽然文化成绩优良，仍没有被录取。当时端公有意保荐他，因为黄埔一期经保荐入学的大有人在。但戴安澜不愿意通过关系进军校，于是对端公说，想先当兵，经过锻炼后再进黄埔军校。端公同意了他的想法，于是戴安澜进革命军当了二等兵，在兵营中白天参加操练，晚上站岗值班。军队里有饭吃，他的体格慢慢健壮起来，一年后，1925年，他终于进了黄埔军校第三期，在军校中系统学习军事技术和革命道理。在这期间他直接参加了讨伐广东军阀陈炯明、平定滇系军阀杨希闵和桂系军阀刘震寰的东征，战斗中表现英勇（图1-1）。端公也一直对这个年轻后辈给以谆谆教导，使戴安澜快速地融进了革命的洪流，并在日后一直坚持报国为民的理想和信念。1942年2月28日，端公逝世，戴安澜十分悲伤，但这时他即将赴缅远征抗日，不能奔丧，只能写信给堂兄戴蔚文，表达对端公的敬仰和哀悼。信中说："端公侠义热肠，明志淡泊"；"为人直如光风霁月"；"一生堪称后法者，至少为戴家的家法"；"他的去世是吾辈失一导师"。

图1-1　父亲戴安澜在黄埔军校三期小照

父亲为儿取名“覆东”

1926年，戴安澜毕业了。他被分配到国民革命军总司令部担任排长。第二年结婚，婚后，戴安澜除了自己抓紧时间学习外，还抽出时间教妻子认字读书，妻子勤奋用功，很快摘掉了文盲帽子，还能书写简单的家信，戴安澜很高兴，就把妻名“荷心”改为“荷馨”，意思是荷花已经发出了馨香。1928年4月，戴安澜升为国民革命军第一师的连长。这时，妻子即将生产，他安顿好妻子，随蒋介石率领的第一集团军讨伐军阀张宗昌去了。

部队沿津浦线北上，于5月2日抵达山东济南。当时，随军北伐有一位叫蔡公时的干部，是从中国同盟会开始的老革命，被任命担任国民政府外交部山东交涉员，也跟着进驻济南（图1－2）。这段时间，日本政府为阻止英美势力向中国北方发展，同时也是为了张宗昌阻挡北伐军、卖国求荣的需要，借口保护侨民，派兵侵占济南。

5月3日，日军寻衅挑起事端，制造了震惊中外的济南“五三惨案”。那天下午，日军包围了位于济南商埠经四路小纬六路的山东交涉公署。晚上9点钟，日军50余人持械进入交涉公署内，威逼工作人员交出武器。蔡公时挺身而出，操日语严厉谴责日军破坏国际法、粗暴侵犯中国外交机关及外交人员的行径。日军军官恼羞成怒，命令士兵将蔡公时等人捆绑起来，并举起刺刀，对着他们的头部和面部敲击、刺削。蔡公时的耳

图1－2 蔡公时烈士

朵、鼻子均被割去，血流满面，他仍怒斥日军兽行。并高呼："日军决意杀害我们，唯此国耻，何时可雪？野兽们，中国人可杀不可辱！"同仁们听了都放声大哭，痛骂日军。日军更加恼怒，将蔡公时等17人撕去衣服，百般凌辱后全部枪毙在交涉公署院内。交涉公署的人员赴任不到一天，壮烈殉国。司令官福田中将带了3 500多士兵在济南烧杀抢掠多日。

戴安澜所在的第一师自发反击了日军。他在1940年纪念"济南惨案"12周年的日记里写道："余身历此役，故印象特深，至今不忘。"

惨案发生时，正是第一个儿子刚出生的时候，思念丈夫的妻子在儿子满月的那天，特地去照了一张全身像寄给戴安澜（图1－3），她在照片背后写着："产后，特摄此影，以为纪念，兼赠亲爱澜哥哥存之，荷馨。"

儿子的出生让戴安澜很是欢喜，而日本侵略者在中国的暴行让他十分痛恨，他为儿子取名"覆东"，意思是覆灭东洋，而后第二个、第三个儿子出生，分别取名"靖东"、"澄东"，意思是绥靖东洋，澄清东洋。而唯一的女儿则取名叫"藩篱"，意思是保卫家园不受侵犯。

图1－3 母亲王荷馨产后满月

1949年新中国成立以后，大学里有几位中共党员对戴覆东的名字的含义有疑问，询问他，他如实解释后，怕以后还会被询问，就把“覆”去掉上面的“西”字头，成为“復”字，1954 年简化字出台后，“復”字的双人旁去掉了，成为“复”字，于是“覆东”成为“复东”。

随父亲迁徙的日子

戴安澜在抗日时期几乎参加了所有重要战役，并屡建战功，被称“于抗敌的主要战役，无役不与，无役无功，更可说是抗敌史上很大的奇迹”。他因此被誉为“在今日中国的青年将领中，是一个最健全、最有为的人才”。

有这样一位父亲，戴复东的童年确是非同寻常。戴复东和妈妈以及后来出生的妹妹、弟弟，作为军人家属，有时跟着父亲迁移，有时父亲在前线打仗，他们则被安顿在远离父亲而较安全的地方，打过仗后又和父亲团圆。从戴复东最早的记忆开始到他进中学前，他的童年是在不断的迁徙中度过的，他小小年纪，呆过的地方有十几处，跨越了半个中国，他家的搬迁地点和路线为：广州→河南信阳→开封→北平→南京→安徽无为→武汉→长沙→湘西辰溪→柳州沙塘镇→广西全州→贵州安顺→贵阳→贵阳花溪。

1932 年，戴复东和父母亲住在河南信阳，而信阳的新县，则是中共鄂豫皖苏区所在地。家在信阳时，戴复东只有 4 岁，他所记得最清楚的是，夏天里，别人在睡午觉，父亲悄悄地带着他，拉着他的小手到一条小河里，教他学游泳。人到晚年，他仍对父亲的舐犊之情记忆犹新。

后来，跟着部队到了开封，母亲把戴复东送进幼稚园。母亲空下来，就以未婚的名义进了一所小学读书。平时很乖的戴复东回到家一看妈妈不见了就哭闹起来，缠着勤务兵要找妈妈，最后在一个庙一样的房子门外缝里看到了正在听课的妈妈，立刻推门进去，一下子扑进她怀抱。母亲红着脸把他抱回家,还打了他一顿,母亲从此再也没有进学校读书。长大后,戴复东一想到这件事,就觉得对不起母亲,心中有无限的愧疚。

1933 年戴复东一家搬到北平(即现北京)住了几年。他在北平北池子小学上学,对北平的事已经有了较多的记忆。家里先住的是一个很狭小的四合院的朝南三间房。后来搬到一个老宅子,住的是最后一进的三开间和西面仅有的两间偏厢房。父亲平时住在南苑部队里,星期六才回家来。

在北平,戴复东独自享受了一段和父母在一起的亲情。父亲母亲带他到中山公园看荷花,带他到太庙看展览会。有一个星期六的晚上,父亲从南苑军营回家,托人从北平最好的戏院——长安大戏院买了票子,带母亲和他去看梅兰芳和杨小楼演的《霸王别姬》。这是他第一次看京剧,开心极了,而且,那天父亲还买了三块小冰激凌,他更开心了。这是他第一次吃冰激凌,他真想每个星期六晚上都能看京戏,吃冰激凌。但这是梦想,特别是冰激凌,直至戴复东在大学毕业工作了一段时间后,才有经济条件偶尔买一次。

戴复东大一点了,变得懂事些,有点脑子了。一次父母亲带他逛太庙展览会,在人群中一时与大人走散了,他心里有些害怕和紧张,但没有慌张,在路边找到一位警察,对他说:“爸爸妈妈不见了。”警察让他站着别走开,说爸爸妈妈待会儿可能会找过来的。他一面焦急地四处张望,一面又不断地盯着警察,生怕警察走了,不久,爸爸妈妈在不远处也看见他了,急急忙忙过来,谢了警察,并夸奖儿子,知道遇事找警察,还不哭不闹安心等着,真是个好孩子。

读完二年级,日本人攻占北平,父亲留在北方。1935 年,母亲带着戴复东搬到南京后,生下了比他小 7 岁的妹妹戴藩篱。有一天，父亲从北方回来了，戴复东高兴极了。父亲的很多老朋友都来看他，戴复东坐在一边听着大人们谈话，看见父亲很激动，听他反复说要抗击日本帝国主义，要全民动员，打持久战(图 1－4)。

图 1－4 1937 年戴安澜任 73 旅旅长

在家的几天，晚饭后，父亲有空就给儿子讲法国小英雄爱国的小故事。带儿子出门看见理发店门口的红蓝白三色转筒，父亲告诉他：一位法国理发师帮助自己国家的军队，消灭了敌人，自己却牺牲了，这三色转筒就是纪念他。

戴安澜是国民党军队中有头脑、有思想、爱国情怀很浓的人。从很多人的回忆文章和他自己的日记可以看到，在战争历程中，他不仅打仗勇敢，还善于打仗，更是治军严格，爱护官兵，爱护百姓，爱护家人，严于律己。他一直坚持青少年时期养成的热爱读书的好习惯，使自己成为一个品格高尚，且知识和情趣丰富的人。在打仗空隙，他卷不离手，总结经验，著书作文，被誉为文武兼备的一代儒将。他早在北伐军中就对在他手下做入伍生的李修业说：“中国之所以沦为半殖民地，并不是外国鬼子怎样能干，而是我们太不争气，特别是一些腐朽的官僚政客无识无能、贪生怕死、爱财争禄，才造成了这样的后果。”

戴安澜是职业军人，屡建战功，不断升迁，他能领取薪酬，让家里的生活有保障，他还经常接济在上学的堂弟戴子庄，并把余钱汇到乡下，让父亲买了些土地，在老家的生活也好多了。1937 年“七七”事变后抗日战争全面爆发，让戴安澜看到国家的危难，1937年11月11日他给两位兄长写信：“适午后薪水发到，五个月共计得洋一千五百元。弟回思国家当此危急存亡之时，而身为军人，不能保土卫民，拿此巨薪，于心何忍？特提出一千元捐助国家，以作经费报效。款已付出，电报已拍发。目下我师各官长，均为弟此举感动，均愿量力捐助，预计可得捐款一两万元。”

8月，戴安澜率部进入抗击日军的华北战场。在南方，凶残的日军8月13日对上海开战，战火正向江南蔓延，留在南京的妻子儿女让戴安澜十分担忧，他在8月13日的日记记着：“午后接南京蔚兄，馨妻、庄弟来信，得悉南京为备战而令妇孺转移，行动仓忙，急迫之至。”

戴复东一家过去一直住在城市里，现在只能从南京向老家安徽无为转移。父亲的日记里记录了他所得知的家人情况：“正午，尔奎来，报告父母健康，妻子安宁，秋收丰稔，心中至感快慰！……馨妻、覆子、篱女，本住京中，因对日作战，政府令公务人员眷属离京，盖避免战时之顾虑也。伊等旅京已久，今一旦回住乡间，自属稍感寂寞。而一切生活，能应因过去，故感忻慰！……”

1937年12月13日，日本侵略军攻陷中国首都南京，之前，戴复东一家已急急忙忙坐小火轮从无为乡下避难到武汉，不久以后，再搬到了长沙。那时戴复东正念小学四年级，他还记得长沙家的样子，那是在小吴门外的一幢单层独院，住房是三开间的黑瓦黑墙，东侧有一片竹林。他们在长沙的时候，是1938年，父亲正参加武汉保卫战，在九江阻击敌人。时至夏天，战事稍息，父亲回家住了几天，来了很多朋友，他们把椅子搬到竹林里，喝茶纳凉，谈论局势。戴复东虽是个十岁的孩子，却总喜欢在一旁听大人说话，特别是父亲的归来，他内心很依恋。大人说的虽然不完全听得懂，但身材魁梧的父亲紧握右手，两眼放光，斩钉截铁说“一定要把日本鬼子打出去”的样子给他很深印象。

就在父亲要回前线前一天，空袭警报响起，戴复东一家躲进小树林。日本鬼子的飞机来了，在戴复东家的院子上方盘旋，并扔下一颗炸弹，幸好没有爆炸，很快被弄走了。家人和邻居都议论这件蹊跷事，说是先前看见有陌生人在戴家院子附近转悠过，认定这是有汉奸发送了情报。父亲屡建奇功，自然遭日本人和汉奸的忌恨，他们探听到父亲休假在家，就想害父亲。从此戴复东也痛恨死了帮着日本人干坏事的汉奸。

三十一集团军司令部设在湖南湘西的辰溪一带，父亲兼任集团军教育长，也跟着去了。这一带风景奇特，多溶洞，是少数民族聚居的地方，既是桃花源传说的所在地，也是历来土匪流窜的地方。在长沙没住多久，母亲带着戴复东和妹妹也搬到湘西辰溪，跟父亲住在一起了。在辰溪住的时间不久，戴复东既遇到开心的事情，也遇到倒霉的事情。

开心的事是，有一天，父亲带他一起到总司令汤恩伯的司令部去，在那里听大人们起说田汉、欧阳予倩要来，还要演京剧《梁红玉》，他也跟着大人们一起高兴，他也知道这两位抗战时期大名鼎鼎的文化名人，知道父亲他们一行人对这俩人非常敬仰。汤恩伯请这两位名人以及文艺界的其他几位一起吃饭，让父亲和戴复东也在一桌相陪，看见报纸上经常出现、大人们经常谈论的人近在眼前，年纪小小的戴复东也有些激动。吃完饭后，就看京剧，欧阳予倩主演南宋时期的抗金名将韩世忠的夫人梁红玉，戏演到终场，梁红玉擂鼓破金兵，戴复东兴奋极了，他看见父亲眼睛瞪得大大的，拼命鼓掌，人显得很有精神，他也跟着大人们拼命地鼓起掌来。

倒霉的事是，戴复东害了重病，大人们说是“瘴气”闹的。他连续发高烧，甚至迷糊了，父母亲急坏了，一面看病，一面为他祈祷。

这样的日子没过多久，父亲的部队又要调动了，这回不能再和父亲住在一起，1938 年的下半年，母亲带着两个孩子搬到广西柳州沙塘镇，住在远房的曾叔祖父戴端甫的家里，他也就是当年写信招呼戴安澜报考黄埔军校的端公，戴复东称呼他老太爹爹。在柳州，一位医生诊断戴复东患的是疟疾，母亲下狠心买了三支昂贵的“扑疟母星”针剂，才根治好他的病。戴复东这时进了沙塘小学，只读了一个学期，就放寒假了。

师长和儿子在军营

抗战开始的第二年，1938 年，中国军队在湖南湘潭建立陆军机械化部队，即陆军第五军，杜聿明任军长。1939 年 1 月，戴安澜被任命为第五军第二〇〇师师长，负责训练特种步兵师，任务是协助战车部队和空军部队联合作战。第二〇〇师由一部分地方军和新征的士兵组成，并非一开始就是驰名中外的“第二〇〇师”，戴安澜上任时表示：“竭尽全力，练成劲旅，为国驰驱，歼彼倭寇。”戴安澜根据自己历次参加战斗的经验写下了《磨砺集》一书，作为练兵教材，自己则住在军营，整训队伍，用半年时间，经过夙夜匪懈的训练，把第二〇〇师打造成最精锐的部队(图 1－5)。

当时部队驻扎在广西全州，父亲通知母亲，把孩子们都带到全州来同住。这时戴复东的大弟弟戴靖东已经出生了。

母亲带着他和妹妹、弟弟三个孩子乘火车离开柳州到全州，一到车站，就看见父亲用汽车来接他们了，又能和父亲在一起，戴复

图 1-5　第二〇〇师士兵

东和妹妹高兴极了。汽车一直把他们带到第二〇〇师的司令部门口，孩子们一下车就往里面跑，兴奋得不得了，门口的卫兵突然高声呼叫："立正""敬礼"，并向他们敬礼，把他们一下子镇住了，不知怎么办。这时，父亲已经把母亲搀扶下车，立刻走过来，用温和的语气对卫兵队长说："以后我的家属、我的孩子们到师部来，你们不要立正敬礼。"接下来父亲又对卫兵排长、班长和士兵们说："今后对我的孩子，你们不要称他们'少爷'、'小姐'，喊他们的名字就可以了，他们叫覆东、藩篱、靖东，记住了吧？""是！"士兵们高兴又响亮地回答道(图 1-6)。

图 1-6　戴安澜 1939 年任第二〇〇师师长

全州县位于广西东北部，毗邻湖南省，距桂林市125公里。素有“广西北大门”之称，当时是个很小的县城，部队刚到时住房都很难找，戴复东也没能进小学读书，父亲马上给他请了一位有文化的军人当老师，教他五年级下学期的课程。为了方便教和学，父亲索性让戴复东和他一起住在司令部里。所谓司令部，也就是利用一个小破庙改的。办公室后面有个小间，是父亲的卧室，也就一张硬板床。戴复东来了，就在旁边再加一张硬板床。两张床上垫的都只有一条灰棉军毯，上面再铺一条白床单，盖的也是灰棉军毯。父亲当时已是少将了，家属就在驻地附近，部队又配有很好的汽车，但他们父子俩每星期只有星期六的晚上才回家一次。戴复东这样的日子延续了近半年，直到军长杜聿明的夫人曹秀清办起了第五军军人子弟小学校为止，这是戴复东与父亲朝夕相处最长的日子。

在军营里，一到晚上，父子俩的小屋就点起一盏菜油灯，有两根灯芯，两人一人一根。儿子做课外作业，父亲则看书学习。父亲的学习科目有数学、物理、化学、英语，还有天文地理、军事历史等等。9点钟熄灯号响了，儿子先睡，有时夜里醒来，父亲桌上的灯光还亮着，他还在聚精会神地做功课。父亲一直有写日记的习惯，常把学习体会记在日记里，1937年的日记里记载：“今天开始读沙氏乐府原本，并从算术起温习数学，极愿在炮火熏天之时间内，求得知识的丰富也。”“夜习算术，觉难题甚多，学问之道，非敢妄谈进益矣。”“夜间一算题想不通，一夜工夫，而想不通一题，如何是好。”父亲在军旅生涯中持之以恒地学习，除了他特别爱学习，有学习的兴趣外，他也想有机会的时候报考陆军大学。但父亲夜晚在油灯下并非远离战场的休闲，就在训练第二〇〇师官兵这几个月里，他写成了《磨砺集》作为军事教材。军长杜聿明为书作序：“戴师长本其治军经验，参考抗战需要，取精要宏，侧重实战基本动作，以为训练二百师官兵之规矩……”教材讲述战斗程序及战斗行动的具体做法；讲述各种射击法则，以提高枪弹、炮弹射出效率；讲述营连阵地的编成，让官兵掌握阵地不同兵种与火器的配备原则，教材还以历史知识来阐述战术思想史，阐述军人为何要具有忠于国家、忠于职务的特性，并提出培养特性的方法。

学习使父亲成为一个特别有智慧并且不耻下问的人。父亲在任一四五团团长时，就拜团里的大学理科高材生焦沛然为师，并相互约好，老师每天授课80分钟，讲授数学和英语，他则要复习交作业。他在日记里曾写道：“余之英文，已在枪炮声中完成。数学一项，亦愿在枪炮声中完成之。”就是靠这样的勤学，父亲赴缅甸作战，已可以用英语与英军沟通。

每天，儿子还在酣睡中，父亲把他叫醒，睡眼蒙眬中，桌上的油灯又亮了，父亲已经起床。旁边有一套灰布小军装，还有一副绑带，这是特地为儿子准备的。儿子自己乖乖地穿上衣服，打上绑带，像个小军人，跟着父亲出门了。天还黑洞洞的，街上两边的破房子家家紧关门窗。两名卫士一前一后，儿子走在第二，父亲走在第三。走出那条破街，就是荒郊野外的小路和田埂，到处黑灯瞎火，四处静悄悄的，为了跟上脚步，儿子走得有些喘了。终于在一个小村子边停下来，这是基层部队驻扎的地方。等了一会儿，清脆的起床号打破村野的寂静，父亲带头走进连长或排长住的房子，检查他们是否按时起床。儿子看见很好玩的镜头，一次，起床号已经响过，一位连长还高卧未起，被父亲查到，大声责问：“为什么还不起床？”那连长吓得一骨碌翻身下了床，连说“是是是”。儿子还有几次看见父亲揪着排长的耳朵，把他们摇醒，他们不知是谁，还想发威，睁眼一看是师长，立刻穿上衣服跑到操场去了。

士兵们操练，儿子就在一旁看看玩玩，有时在小河边，有时在草坡上，有时在小树丛里。父亲常常走到士兵中间，纠正不正确的动作，不知父亲说些什么，操场上发出阵阵笑声。操练结束，父亲还要和连排长或者士兵谈些话，才带着儿子回去。这一路上，父亲不说话，儿子却看得出是他是在不停地想问题，也一声不响地默默走路。回到司令部，才刷牙洗脸吃早饭。早饭是司令部的人和文工团的人一起吃，以稀饭和馒头为主，加水煮黄豆和胡萝卜，父亲、儿子和他们吃一样的。

如果上课的老师还没有来，儿子就坐在父亲身后的木椅子上，翻父亲书架上的书看。他第一次看见了《日寇暴行实录》这本书，里面全是日本侵略军杀戮中国同胞，毁坏中国城市农村的照片。有一张照片，是一个身体健壮的中国农民，被白布蒙住双眼，跪在地上，后面站立着一个日本士兵，双手举起战刀，准备向农民的头上砍去。日本强盗的罪恶行径震动了他幼小的心灵，心中也充满了对日本鬼子的愤恨。

一天的课上完，儿子也会去看一些他感兴趣的事情。师部要对几名少尉军官升中尉进行军事技术考核，儿子也跟去看了。只见那些军官被黑布蒙上双眼，要求他们用半个小时的时间，把一挺轻机枪的零件拆卸下来，再组装起来。有两名少尉，动作麻利，只听到“咔咔咔”的拆枪装枪声音，儿子在一边紧张地看着，见他们在规定的时间里，准确无误地完成了全部操作。还有一名当宣布“时间到”时，懊恼地拉下遮着的黑布，看着还没装好的机枪，很不好意思。儿子见父亲并没有责怪他，而是鼓励他下次再来。

和将士们一起看戏

军营里的生活并非全是紧张训练，师部文工团常常演出，剧目也很多。到演出的时候，军营里开个营火晚会，大家围了一个大圆圈，中间燃起篝火，篝火照亮了演员，戴复东和父亲坐在一起，大家都兴致勃勃。他最喜欢看的是活报剧《放下你的鞭子》，这部戏本来是剧作家田汉根据德国作家歌德小说改编而成的独幕剧，后被陈鲤庭执笔改编成抗战街头剧，这两位都是当时赫赫有名的抗战文化名人。戏表现了一对父女在街头卖艺发生的事。女儿因肚子饿，身体虚弱，表演时力不从心，父亲就用鞭子抽打她，一名工人模样的男子从观众中冲上来大喝一声："放下你的鞭子"，他痛斥，不应该把鞭子打在自己的亲人身上。父女俩述说了从东北流亡出来的颠沛流离，此时，分不清哪是剧中，哪是剧外，全场激起了一片打倒日本侵略者的高昂口号声。这部戏将剧内剧外人物融为一体，艺术表现形式效果极佳，对宣传抗日影响极广。晚会上，演员们演唱了《义勇军进行曲》、《满江红》、《大刀向鬼子们的头上砍去》、《松花江上》等抗日歌曲。父亲跟着大家一齐唱："我的家，在东北松花江上，那里有森林煤矿，还有那漫山遍野的大豆高粱……"儿子看见父亲激动得满面红光，周围的人个个热血沸腾，心潮澎湃的样子，他幼小的心也跟着久久不能平静。

戴复东的祖父在家乡农闲时就去戏班子里打下手，父亲从小耳濡目染，对京剧也产生浓厚兴趣。他在自己的师部，还引进了一个名为"厉家班"的京剧班子。那天父亲带着戴复东从操练场回来，听一名军官报告，来了一个戏班子，父亲一听，不进司令部，掉头就到对面的场地上找他们，卫士们忙去搬了几把椅子，父亲让其中一位老者也坐下来，询问了一些情况，又点了一段《武家坡》要听听。一男一女俩演员分别扮演薛平贵和王宝钏，他们俩开腔一唱，父亲觉得不错，给了点钱，当即把他们留下了。

这个京剧班子在全州落下脚，戴复东常常有京剧看，也喜欢上了京剧。父亲更是在高兴的时候上台去客串，他在《打严嵩》里饰演御史邹应龙，借痛打明朝奸臣严嵩来表达自己的忠贞卫国之志。看见一个完全变样的父亲在台上有模有式地唱念做打，儿子坐在下面也和将士们一起拍手叫好。但有一下属连长事后写了诤谏书，认为一师之长，未免有失尊严。在第三天的朝会上，父亲郑重表示接受意见。

一个星期天早上，"厉家班"来了两个人到家中，还带了演戏穿的戏服、帽子、靴子，还有髯口。戴复东和弟弟妹妹们，惊奇地看着他们为父亲化妆穿戴，这时，照相馆也来了一个人，带了一个大照相机和机架。原来父亲要拍戏装照。几个孩子都兴奋地围着看。父亲先被扮成《打严嵩》里的忠臣邹应龙，拍完这张照后，他又换上

图 1-7 戴安澜穿戏服拍照寄给老家父母

京剧《珠帘寨》里的王者李克用的服装、帽子和白胡子(图1-7),再拍一张。戴复东知道父亲喜欢京剧,但对他拍京剧的戏服照还是有些不解,就问"为什么"? 父亲微笑着说:"爷爷奶奶一直呆在老家,我很想念他们,他们也一定想念我,现在老家是敌占区,寄穿戏装的照片对两位老人安全些。"儿子明白了。

体验天伦之重

部队集训告一段落,敌人猖狂进犯还在扩大,父亲率部又要去作战了。1939年11月第二○○师在衡阳奉命急向南宁集结,打了一场战役。1939年12月17日至1940年1月11日,戴安澜率第二○○师参加了中国军队与盘踞在广西昆仑关守敌的争夺战。这是一场中国军队最强的机械部队与敌军正面对抗的重大战役,战斗极其惨烈。这时候戴复东11岁,在军人子弟小学读六年级。

有一天,戴复东正在上课,有一名军官急急到学校找他,叫他赶快回去,他有一种不祥的预感,果然,父亲在战斗中受伤,正在柳州养伤。母亲带着他先到第五军司令部的无线电台,与受伤的父亲取得联系。父亲的声音从扩音器里传出,说伤势不重,让他们放心,母亲擦了擦眼泪,两人的心稍微放松些。

戴复东和母亲带着妹妹和弟弟,坐上第五军派来的汽车,疾驰了两天多,才到达柳州。父亲住在38集团军司令徐廷瑶将军家里。一进房间,看见父亲光着身子俯趴在一张大床上,背上盖着一大块纱布。母亲忍不住地流泪,但没哭出声来,父亲向他们点点头,让他们坐下。一位参谋向戴复东一家描述了战斗的激烈以及父亲受伤的经过。戴复东对父亲充满了崇敬之心。父亲的伤口很深，戴复东在一旁看医生换药，心都揪起来了，而父亲紧紧地抓住床边，不哼一声。屋里没人了，戴复东问父亲："爸爸，痛吗?"父亲笑着说："傻孩子，哪有不痛的道理。"儿子又问："你为什么不叫呢?"父亲说："你看过《三国演义》吗?"儿子点点头。父亲接着说："关羽刮骨疗毒还下棋，我要学习他的勇敢。"儿子对父亲充满了敬佩之情。

徐廷瑶也是安徽无为人，家为望族。他提议并创建了国民党机械化部队，有"装甲兵之父"之称，他一直是戴安澜的上司，指挥了昆仑关战役，戴安澜是军中他器重的五虎将之一。他的儿子徐先汇、徐先涛与戴复东年龄相仿，在一起玩耍很合得来。40年后，戴复东要到美国做访问学者，出国需联系一个定居美国的朋友做经济担保，分开那么多年，戴复东在记忆里把徐先涛找出来，辗转联系上，并得到他的帮助。

十多天后，父亲伤口愈合，和一家人一起回全州休养。父亲一点也没闲着，每天在书桌前写东西。他在原来写的《磨砺集》基础上，又写了续集。令人没想到的是，他还创作了一篇游仙体小说《自讼》，这是一篇具有讽刺意味的作品，从黄帝开始，古代、现代有名有姓的几十个人物轮番上场，演绎了一段古今人物同台争论的故事。其中有人为抗日尽力，有人贪图物欲享乐，故事既是为艰苦抗日树信心，又是针砭社会上种种贪图私利、对抗日不利的思想和行为。

父亲痊愈后，戴复东家搬到一个叫蒋家果园的地方，主人家起先害怕军人粗暴、专横，只肯借园子外面的一个三开间平房，再加西边几间附属小房间。过了一段时间，主人看出父亲是个讲道理，有知识的人，便把果园内的主屋租给戴家。这时老太爹爹戴端甫也从柳州搬来一起住。

父亲对戴复东这个已满12岁的大儿子充满了希望，星期六回家的时候，在屋前的园子里乘凉，常把戴复东叫到身边，给他讲一些自己进黄埔军校参加革命的事情。父亲去看望老太爹爹，和他交谈，也让儿子在一旁听，儿子听他们讲抗战胜利后，如何要搞好家乡的水利建设，等等。第五军的苏联军事顾问团宴请师级以上干部，父亲不仅带了母亲，把戴复东也穿戴整齐带上，并嘱咐他注意饮食礼貌。有一次在月光下纳凉，父亲从屋子里拿出一把小钢锯，让他星期天练习着把园子里乱糟糟的灌木丛修剪一下，还告诉他，师部文工团一名演员，用这样的锯子演奏音乐，受到热烈欢迎，让戴复东也可以练习练习。戴复东拿到小钢锯，很开心，不仅按照父亲描述的方法，用筷子在钢锯上敲出了音调，第二天，还真的把灌木丛整理了一遍，他为自己也能动手做事情感到高兴。

1940年的春天并没有受战争的影响如期而来。在一个星期天，父亲难得有闲，和母亲一起，带着三个孩子，到湖南衡山南岳寺去游览，孩子们兴奋极了，小车绕着山路而行，看到这么雄伟的高山，第一次进了这么高大的庙宇，孩子们高兴极了。两年前，戴复东在湘西辰溪患过一场疟疾，病情十分严重，还昏迷过几次，母亲四处求医，并向南岳大帝祈祷，愿用自己的生命换取儿子的平安。戴复东这时才知道，父亲母亲这次是向南岳大帝来还愿的，双亲对他的这种疼爱，永驻他心中。

在回全州的公路旁，有漫山遍野的杜鹃花，漂亮极了。孩子们都想停车去采摘。父亲母亲笑着同意了。孩子们欢呼雀跃，在花丛中玩了好一会儿，全家人都沉浸在美丽的春景中。

1940年夏天，戴复东小学毕业，父亲的部队又要调防了，从广西调动到贵州安顺。暑假里，戴复东和母亲还有弟弟妹妹，也搬到安顺。父亲很关心儿子上中学的问题，打听一番后决定，让家里的人都搬到贵阳去，因为贵阳附近的花溪有所私立中学——清华中学，虽然学费昂贵，但教育质量很好，儿子应该去考这所学校。戴复东不负父望，考取了。这以后，他就要离开家，过独立的住校生活。

1942年1月14日父亲的日记记着，要给戴复东写一封信，因事忙未果，但他记下了拟写的大意，阐述了父母对孩子一贯的感情："父比日，母比月，日因光线之辐射，其真面目虽不易观测清楚，但其温暖之心，则所照临之处，靡不沾其恩惠。父亲因人事纠缠，对家庭态度，偶亦有失真之处，但其存心，则如太阳一样公正而慈惠也。母比月，月光灿烂，和蔼可亲，其始终之面目任人辨认，母爱之伟大，盖基于此。"（图1-8）父亲与家人分多聚少，然而这不多的相聚，在戴复东及其弟弟妹妹幼小的心灵里是父亲的宽厚、慈祥，充满柔情。

图1-8 父亲母亲与妹妹蔼篱、大弟弟靖东

第二章　知愁少年

外侮需人御，将军赋采薇。师称机械化，勇夺虎罴威。浴血东瓜守，驱倭棠吉归，沙场竟殒命，壮志也无违。

——1943 年 4 月 1 日戴安澜追悼大会上毛泽东书写的挽诗

亲爱的东儿：我前天由全州回来，没有等你放学，你回来一定不很愿意；但你要明了我的用意，是怕你定要送别而至难舍难分，所以我就不等你走了。东儿：你对我的想念，我是知道的。其实我对你们兄妹弟的想念，比你更甚呢。不过，当这个时候，只有按下私情，为国效力了。你总要这样想：你有个英雄父亲，当然是常常的离别。如果我是田舍郎，那么我们可以天天在一起了。但是你愿意要哪一种父亲呢？我想，你一定愿意要英雄父亲。所以，对于短时间离别，不要太看重了才好。

——戴安澜给戴复东的家信

进入中学的戴复东已是一个青春萌动的翩翩少年,他也会对未来有许多憧憬,只要有父亲在,他在这个年龄往往还不太识愁滋味。父亲是军队的高级将领,他在消灭敌人保卫国家的同时,也为自己的家庭撑起一片天。只要父亲在,戴复东和他的弟妹们哪怕是不断地迁移和避难,总还有依靠,总还有遮风躲雨的地方,读书和长大是不用愁的。

清华中学是所好学校

戴复东考进的清华中学坐落在贵阳的郊区花溪,这里的环境非常优美,学校背靠雄伟的大将山,面临清澈的花溪河。绿树成荫,花香四溢,是个读书的好地方。

清华中学创办于抗日战争初期的 1938 年 5 月 1 日,原属私立中学,1951 年 8 月由国家接办为公办学校。1982 年 12 月被确认为省重点中学,1992 年国家教委将其选定为全国中学名校。2007 年被评为贵阳市示范性高中。

清华中学的创办人是 8 位清华大学毕业生,非常年轻,他们从北平流离到武汉、贵阳,决心不从政,不经商,要创立一所学校,为国家培养人才,以教育救国。清华大学前身清华学堂的老校长周贻春先生大力支持他们,并亲自出任董事长,他把清华学堂和清华大学的校训“自强不息,厚德载物”赋予清华中学。许多热心教育事业的专家学者、社会贤达、民国政要慷慨解囊,给予资金赞助,请著名建筑师童寯作规划设计。两三年里学校就盖起宽敞的教学大楼,还有饭厅和教师宿舍。到 1949 年止,学校改建、新建师生宿舍七幢,建立了物理、化学、生物实验室,还建立了图书室、阅览室,修建田径运动场(含足球场)、排球场和溜冰场各一个,篮球场两个,是一个设备齐全的现代普通中等学校。

学校的老师绝大多数都是清华、北大、中山、燕京、圣约翰、西南联大等名牌大学毕业,或著名的美术、体育专科学校毕业。学校提出"智、德、体、群、美"全面发展的教育方针和"首重生活之训练,晋期品格之养成"的训导原则,使学生逐渐养成被称为"清华人"的品格风貌,具体内容就是爱国、正直、诚实、守纪、自尊、自强、自立、合作。

学校招收的全部是男生,学生不能留长发,学校专门置办了理发工具供同学间互助理发。学生在校时都着灰布中山装,佩带有"清华"两字的圆形领章,全校集会或外出时还要求戴灰布学生帽、扎腰带、打绑腿。这在当时贵阳的中学中是绝无仅有的,在全国也少见。这种带有明显学校标志的着装使学生时时处处都意识到自己是清华的一分子,个个都以自己是清华人为荣,严于律己,自觉维护学校的声誉。学生中高官、将军、经理等有钱人家的子弟不少,但不管是谁,都不得特殊化,从来没有哪个家长,包括省主席、市长敢派车来接孩子的。由于校风良好,教学严格,成绩斐然,创办一两年后就声名远扬,1946 年 3 月 18 日,蒋介石由重庆飞抵贵阳,下榻花溪尚武俱乐部(今西舍)。第二天,在贵州省政府主席吴鼎昌陪同下,视察清华中学。离开学校时,他对陪同人员说:"清华中学堪称模范学校。"从这里走出了许多国家日后的栋梁之才,分布在海峡两岸,其中包括戴复东,他们都把在清华中学的时光看作影响自己一生的关键时期。1980 年戴复东因公出差回到贵州,见到一些师生好友,不胜感慨,作诗云:

三十二载太匆匆,弹指一挥似梦中。

咫尺天涯云和雾,魂萦梦绕各西东。

花溪河畔景非凡，大将山中草木繁。

益友良师俱健壮，多人白发换朱颜。

尽管当时处在抗战时期，物质匮乏，生活艰苦，尽管父母亲在家从不娇惯孩子，并对戴复东有严格的家教，但在父母身边生活总要舒适得多，离开家，独立生活，12 岁的戴复东什么都要学着自己来打理。学校里实行学生自治，自我管理，早上组织晨跑，食堂里每天有学生轮流帮厨，吃饭八人一桌，中间放着的是一大盘菜，虽然缺油少荤的，但当值日的同学叫一声“开动”后，这群正值长身体、饭量大、食欲好的少年人顷刻狼吞虎咽地把饭菜全消灭光，值日帮厨的同学最怕听见敲饭桶的声音，这是表示饭不够吃，他们觉得自己有责任。学校规定一周只能回家一次，回贵阳的路程有 18 公里，交通工具只有马车，同学们都很节约，情愿步行，周六下午大家说说笑笑，沿着风光旖旎的山路，赶回家。周日下午再往学校赶，晚上还要上自修课。学校考试，从不用老师监考，绝对没有一个人作弊。

戴复东进中学不久的一个星期天，父亲母亲和他一起回学校看看。平时每天都有值日同学检查宿舍内务，要求床铺整理得像军队里一样整齐干净，被子要叠得有棱有角。前一天，没人检查，戴复东马虎了些，父亲稍带严肃地说：“不管检查不检查，你自己的床都要整理好。这也是看一个人在人前人后是不是一个样。”戴复东很惭愧。接下来，父亲笑眯眯地说：“现在你能自己洗衣服，还是不错的。”戴复东高兴地笑了（图 2 - 1）。

一学期结束，放寒假了，母亲带弟弟靖东和出生不久的小弟弟澄东寄宿在昆明朋友家，而这时父亲正在云南保山待命，他很珍惜儿子这段空闲的时间，写信给儿子，让他搭第五军的便车，先到昆

图 2-1 清华中学学生寝室

明去见母亲，然后到保山他的驻地来。

父亲看到儿子非常高兴，他在日记里写道："夜，长子覆东到部，相别半年，晤视之下，极为欣喜……"像在全州一样，他又让士兵在司令部办公室朝北他的房间另加一张床。他打量着儿子，夸着说"长高了，长结实了"，并对儿子问长问短，对儿子说的每一件事都要听，叮嘱儿子继续努力锻炼身体。

在保山住了两天，儿子也像过去在军营里一样，早晨天不亮就起床跟着下基层，检查部队的操练。白天，父亲就叫人带上儿子，去参观周围一些古迹，其中，父亲特别告诉他，云南和缅甸是诸葛亮七擒孟获的地方，这里有孔明的点将台，诸葛亮是他十分钦佩的古人。两天后，是除夕，父亲处理完军务，一早带上儿子去昆明与妻子团聚。

父亲英魂彪炳青史

1941 年日本偷袭珍珠港，太平洋战争爆发。美国和英国邀中国入盟，根据三个同盟国之间达成的协议，中国组成远征军，赴缅对日作战。此举一是抗击日寇，解除英军在缅的危机；二是打通印缅公路，疏通国民政府从盟军取得补给的生命线。驻守昆明的戴安澜率领第二〇〇师作为第五军的先头部队，首先入缅作战。1941年12月17日至1942年3月1日部队到达云南保山附近整训待命。

部队出发前，恰逢春节来临，父亲在除夕这天一早带着放假到保山部队来的戴复东去昆明，与戴复东的母亲和弟弟团聚，妹妹藩篱则留在贵阳过年。中途在下关旅社住了一夜，第二天中午才抵达昆明，一路上戴复东不断地把学校的事情讲给父亲听，不停地唱着抗日歌和学校里新学的英文歌，还唱了不少京剧的段子，父亲一直用欣赏的神情听着看着。

这是一个热热闹闹的春节，来了很多父亲的朋友，大家一起吃饭，说笑。父亲与家人一起呆了十天，其中有七天的时间，父亲一直在为3岁的弟弟靖东寻医治病，西医不行，换中医，久病不好的弟弟终于止住了咯血。

大弟弟靖东虽然体弱多病，但生性好动调皮，父亲回家后要走的那天，下午睡午觉，靖东看见父亲穿的靴子和别人的鞋子都不一样，很好玩，就把小脚伸进去，在里面房间拖着走来走去。父亲醒来，洗洗漱漱完了，就找靴子穿，准备出发。母亲找到里屋，满脸焦虑，焦躁地对靖东说，“不要再顽皮了，让爸爸穿好出发。”父亲穿戴整齐，亲了亲还不会说话的小儿子澄东，与戴复东和戴靖东两个大一点的儿子握了握手，笑着举手和大家告别。在门口，戴复东看着父亲弯下腰进汽车，宽阔的背影消失在汽车里，车子徐徐开动，又奔驰着渐渐远去。戴复东没有想到，这竟然是父亲在他脑海中留下的最后影像,这一天是1942年2月24日(图2-2)。

图2-2 戴复东父母与子女,前排从左至右:小弟弟澄东、大弟弟靖东、妹妹藩篱、戴复东

每次与父亲离别,在已经懂事的戴复东心里,总不是一件轻松的事,一年多以前的1940年11月2日,父亲给戴复东写了一封信:"亲爱的东儿:我前天由全州回来,没有等你放学,你回来一定不很愿意;但你要明了我的用意,是怕你定要送别而至难舍难分,所以我就不等你走了。东儿:你对我的想念,我是知道的。其实我对你们兄妹弟的想念,比你更甚呢。不过,当这个时候,只有按下私情,为国效力了。你总要这样想:你有个英雄父亲,当然是常常的离别。如果我是田舍郎,那么我们可以天天在一起了。但是你愿意要哪一种父亲呢?我想,你一定愿意要英雄父亲。所以,对于短时间离别,不要太看重了才好。"

父亲一直在沙场出生入死,他相信这次赴缅远征也是与家人的"短时间离别"。7岁的女儿藩篱已经懂得爱漂亮,父亲上司家的孩子都穿皮鞋,于是她也对回家来的父亲说要买皮鞋,父亲答应了。1942年4月2日,父亲在缅甸通过电台,给四个孩子发了一份电报:"……自三月十八日以后,即与敌人开始战斗。因为是孤军,战斗了六天,就被敌人包围,更无法通讯。苦战了十二日,在三月廿九日突围,现已完全到达,望你们勿念;虽然是被围,我们官兵极其勇敢,打死了很多敌人,这是令我非常高兴的。……篱儿要买皮鞋,是不成问题,现在还在打仗,无市场可买,稍迟再买回来给你们。"电报文字简练,孩子们不一定理解其中的险恶。这场战役实际上就是中国军队的首次战役——著名的同古战役，也叫东瓜战役，极为惨烈，戴安澜在3月22日将自己的后事都向妻子和姻戚、同僚作了安排。这一战打出了中国军队的威风，并赢得了声誉。日本防卫厅在战后编纂的军事研究回忆录中写道："……正面守军为重庆二〇〇师。该部队自始至终意志旺盛……虽是敌军，但令人佩服，自司令官坂田中将以下各将官无不赞叹其勇气。"

戴将军的现场表现给军部一名初进战场的大学生翻译官另一个印象，即从容、安详，戴将军对他说话总是带着笑容，还不忘记提醒吃饭和调侃。年轻翻译官特别不可思议的是，十天后再次见到苦战突围出来的戴将军，除了眼睛有些血丝，竟然还是老样子，胖胖的脸，健壮的身体，还是带着笑和他逗乐，他简直怀疑戴将军不是普通的"人"。身经百战练就了戴安澜"谈笑间，强虏灰飞烟灭"的气度，使他对子女也自如地尽展侠骨柔肠。

第二〇〇师浴血同古战役的任务完成之后，又接受了新的会战计划，但这一计划被英联军先是求中国军队救援、后又自行退至印度所打乱，迫使第二〇〇师疲于奔命，而后方退路陷于被日军切断的危险境地。于是戴安澜接命令回头，急行军攻占棠吉，以保卫腊戍。这一战，戴安澜艺高胆大，采用炮兵史上少有的战术，命令将一门大炮推到步兵前沿，直接瞄准目标开炮，敌人还来不及回击，碉堡已经摧毁，获得出奇制胜的战果。棠吉一战威震中外。

然而，日军由缅奸带路，还是迂回占领了腊戍，后路被切断。5月，戴安澜接命令率部返回中国，途中遭遇敌人五道封锁线，他带着部队一道道往外杀出血路，始终没有被打散。5月18日，在通过最后一道封锁线细摩公路时遭埋伏，他身负重伤。由于缺医少药，环境气候恶劣，他的伤势不断恶化，一代战将壮志未酬身先死，于 1942 年 5 月 26 日在缅甸茅邦村英勇殉国，终年 38 岁。第二〇〇师的残部 4 000 人，沿着戴将军临终时指出的另一条安全回国路线，带着他的灵柩（装在木盒里的骨灰）返回中国，全国为之动容。

国民政府于 1942 年 10 月 16 日发布命令，追认少将戴安澜晋升为陆军中将；12 月 31 日发布命令，戴安澜将军烈士灵位入祀抗战殉职将领忠烈祠。美国政府于 1942 年 10 月 29 日发布命令，颁赠戴安澜将军懋绩勋章一枚，授勋证书的颂词说："中华民国陆军第二百师故师长戴安澜将军于一九四二年同盟国缅甸战场协同援英抗日时期，作战英勇，指挥卓越，圆满达成所负任务，实为我同盟国军人之优良楷模……"这是第二次世界大战反法西斯斗争中获此殊荣的中国军人第一人。

刻骨铭心的丧父之痛

中国军队赴缅远征、同古战役歼敌五千的捷报在报纸上刊登后，极大地鼓舞了国人抗战的信心，戴复东这时念初二下，也很关心报纸，对看到和听到这些消息非常自豪，他知道这是父亲的第二〇〇师所为，觉得父亲真是太了不起了。以后报上又刊登了一次收复失地的消息，就不再有消息了。过了两个月，5 月底的一天，戴复东一个人在操场上练双杠，一个同学愣头愣脑地跑来问他："戴复东，你爸爸是叫戴安澜吗？"他说："是啊。"同学就说："你爸爸死掉了。"戴复东手一松，一下子从双杠上掉下来，忙问："谁说的？"同学说："报上登的，你自己去看。"戴复东的心一下子揪起来，忙去找报纸，却怎么也找不到。他又去问别人，没人肯跟他说。他心里像压了个大秤砣，沉重极了。他立刻想到母亲，母亲在 18 公里外的贵阳，她是否知道？戴复东已经是个懂事的孩子，他自己只有 14 岁，本身还应该得到大人的呵护，但这时他却怕母亲经受不了打击，不敢跑回去告诉母亲，也不敢托人去跟她说。他心里想，就我自己忍着吧。

真是个孩子的想法，母亲怎么可能不知道呢？接下来在上课的时候，学校里有个人把他叫出教室，说："你妈妈来了，你快去。"他心里还在想："糟了，妈妈大概知道了。"可是，一看见母亲，他憋在心里的痛苦再也忍不住了，抱住母亲大哭。母亲也像是憋了很久，看到这个半大孩子，像是找到一点可以分担的依靠，也放声大哭，她告诉儿子，奶奶还在贵阳，不敢对她说。

一连几天，戴复东心里痛苦得不得了，他感觉就像天塌地陷一般，晚自修时，同学都在做功课，他静不下来，就一个人跑到外面走来走去，心里想着，同学们多幸福啊，他们有家，有爸爸，有妈妈多好啊。父亲不在了，自己的家等于没有了，不知道今后该怎么办呀。

父亲痛歼日寇、为国捐躯的英雄事迹感动了许许多多的中国人，当第二〇〇师后撤部队快到滇缅边境时，有一位老华侨，主动把留于自用的一口楠木棺材捐献给戴将军。将军牺牲，万人哀悼，将军进驻生活过的地方，竞相举行公祭。

1942 年 7 月 12 日下午两点，戴安澜的灵柩到达昆明西车站，灵柩上盖着国民党党旗和中华民国国旗，前面悬着烈士的血衣。灵车经过，道旁民众成千上万，均脱帽致敬。公祭从昆明开始，而后转辗到安顺、贵阳、桂林，灵柩最后运抵第五军留守处所在地、第二〇〇师发祥地——全州，并在这里暂厝。抗战尚未成功，不可多得的良将先战死沙场，国人的痛惜之情不可言喻，辗转公祭固然表达国人对戴将军的崇敬和对他的悼念，但孤儿寡母也都穿戴丧服孝服一直跟随，还要被采访，这不断被提醒痛苦的苦楚是常人所难以经受的。1943 年 4 月 1 日，戴安澜追悼大会在全州香山寺举行，蒋介石送花圈，题字“浩气英风”，并委托国民政府军事委员会桂林办公厅主任李济深主持。中共领导人毛泽东、周恩来、朱德、彭德怀、邓颖超也撰赠了挽诗、挽词和挽联。毛泽东书写挽诗：“外侮需人御，将军赋采薇。师称机械化，勇夺虎罴威。浴血东瓜守，驱倭棠吉归，沙场竟殒命，壮志也无违。”戴安澜是全国人民及国共两党公认的民族英雄（图 2－3）。

图 2－3　由华侨立在缅甸同古的中国远征军纪念碑

家中发生巨变，母亲悲痛欲绝，欲与丈夫同去，但想到丈夫生前的嘱托，就用瘦弱的肩膀坚强地担起全家的生活。1942 年 3 月 22 日，父亲在激烈的同古战役间歇发电报给母亲嘱咐：“为国牺牲，事极光荣，……你们母子今后生活，当更痛苦。但东、靖、藩、澄四儿，俱极聪俊，将来必有大成。你只苦得几年，即可有福。自有出头之日矣，望勿以我为念……”

坚强大义的母亲

母亲自从嫁给父亲，就明白做一个军人妻子意味着什么。丈夫每次开赴前线，其中的险象她也有所预料，但把担心和焦虑都埋藏在心中。二〇〇师这次出征，同住的戴复东的老太爹爹戴端甫，虽然生病，身体极差，还是把戴氏随军家属及姻亲军眷数十人召集起来开家庭会议，严令大家不要打扰前线的亲人。戴复东的母亲本不是一个能说会道的人，但这时表态："他们在前方打鬼子，我们在后方，活要活在一起，死要死在一堆，大家要相互帮助，同舟共济。我能有一瓢米煮饭吃，也要多兑几瓢水煮粥大家喝……"会后大家蜷缩在一起，暗自伤神，久久不愿散去。

戴安澜牺牲，国民政府给予戴家20万法币的特恤金，他的同僚倡议办一所以戴安澜名字命名的职业学校，得到戴复东母亲的同意，因资金困难，母亲不计后果地把特恤金全部拿出来筹办学校，并且不肯做董事长，也不肯做校长，还禁止子女去沾光。这所学校抗战胜利后搬到了安徽老家。学校培养了很多机电、工程方面的技术人才。

因父亲的后事没有最后停当，戴复东暂时休学在家，他成了母亲的帮手，并以他的懂事，在精神上给母亲以支撑。他在妹妹和弟弟面前很有威望，调皮时，只要大哥一句话，弟妹都乖乖的了。有一次，是大热天，家里衣服晒霉，弟妹仨傻傻坐在一旁看着，母亲责骂他们，怎么坐在大太阳底下晒，他们说，是哥哥叫他们看着的。弟妹们的功课，也都是大哥负责抓的。

政府定时发放些粮食和布匹以及少量的现钱以支撑戴家母子的日常生活，戴家孩子上学也由政府支付学费。父亲生前一贯清廉，痛恨贪赃枉法，对自己的薪金也从不理财，除了日常开销，余钱都委托三位姻戚加同僚的人打理，在缅甸同古战役最激烈的时候，3月22日他分别向妻子和三个委托人交代后事，特别关照日后妻子可向委托人提取生活费，父亲对妻子和委托人都说："想诸兄必不负我也。"而事实上父母亲都没有账目，父亲走后，便成了糊涂账，母亲没有拿到什么钱。虽然父亲在世时，一贯不让铺张，生活追求节俭，但日子毕竟好过得多。这时的戴家，在一起吃饭的还不止是戴复东一家母子，还有戴复东的奶奶、小姑姑、大伯母和她的儿女、三婶婶及其子女。父亲牺牲了，他身前五六个贴身人员，不愿跟部队走，留在了戴家。这么一大家子的日常生活打理都落到母亲的身上。他们把家从贵阳市区搬到了花溪，住在一处外面有几亩土地的平房里。平时吃的蔬菜都自己种，孩子们有时到地里摘西红柿、黄瓜，干些力所能及的活儿。母亲还买了一辆马车，安排留下的随从人员跑花溪到贵阳的载客生意，付给他们工资，也给家里增加些收入。马车买来，孩子们很高兴，戴复东拿来笔和颜料，在马车上画了卡通画，把马车打扮得漂漂亮亮。一家人在艰难中开始新的生活。戴复东重新走进清华中学上初二，他仍然住校，把丧父的苦楚埋在内心深处。

终于熬到了 1945 年 8 月 15 日日本投降，苦难中的人民一片欢腾，母亲也高兴得一夜未眠。她的第一个想法就是不再漂泊他乡，尽快带着全家人和父亲的灵柩回南京和安徽老家，但这谈何容易。母亲这时表现出从未有过的魄力和毅力，带上女儿做伴，到千里之外的南京政府去寻求帮助。戴复东虽然住校，心里牵挂着在家的弟弟，听说靖东弟弟不小心踢翻了汤锅，烫伤了脚，忙赶回家探望。母亲一去近半年，她迈着一双小脚，到处找人，脚上裂了口子，钻心的疼，只能在地摊上买张膏药贴上。政府终于答应派车帮助戴家十几口人以及戴安澜将军的灵柩一同回老家。母亲把女儿藩篱留在杭州她姑姑家，一个人回贵州来了。

图 2-4 母亲与戴复东兄弟仨 1946 年在贵阳

政府拨了 6 辆美式十轮大卡车给戴家运送戴安澜的灵柩以及近亲家属。行程从贵阳向东，经过湘西到衡阳，再转火车到武昌，然后从武昌坐船到芜湖老家和南京。一路上千辛万苦，甚至遭遇兵和匪的骚扰，全靠母亲指挥、调配、斡旋。

父亲的墓地最后由母亲选定，建在安徽芜湖小赭山。母亲带着弟弟住到了南京。而戴复东则一个人留在清华中学读书（图 2-4）。

在清华中学的最后日子

战后复员，许多学校、机关迁回原地，清华中学原来就创办于花溪，虽然也有老师和同学进进出出，但学校没有走，学校的传统、学校的教学秩序也没有受影响。学校仍然聘请到一批学问好的教师，戴复东高中阶段的数学、物理、历史课老师原来都是大学里的教授，学识丰富，教学方法好，学生学到的知识扎实，并能举一反三。学校还聘请一对来自美国的年轻传教士夫妇担任英语口语教学。

戴复东高二的时候，参加学校组织的英语比赛，背诵了美国总统林肯在南北战争中发表的著名的葛底斯堡宣言，获得一等奖。三十年多年后，戴复东被公派到美国做访问学者，虽然多年未接触和使用英语，仍能较快适应美国的学习和工作环境。参观林肯的老家时，他立即想起了少年时的这一幕，脱口背诵起宣言中的话："four scores and seven years ago, our fathers brought forth on this continent a new nation, which concieved in Liberty and dedicated to the proposition that all men are created equal ..."（"47 年前，我们的先辈们在这个大陆上催生了一个新的国家，她表达着自由，并奉献所有人被平等对待的主张……"）他对清华中学给予的恩惠，没齿不忘。

清华中学的体育活动也开展得轰轰烈烈，除了很重视早操及体育课外，还经常组织班级间的各种比赛，有篮球、排球、足球、垒球等球类比赛，还有游泳、爬山等比赛。每逢校庆就要开全校运动会，以班为单位组成代表队，人人参与。1947 年，清华中学还组织一个体育代表团，代表学校所在地的贵筑县参加贵州省运动会。戴复东对体育的爱好持续到日后，大学里他还是足球队队员。尽管抗战时期物质匮乏，学校的伙食简单，粗陋，但学生的体格在露天的体育活动中得到强壮。戴复东在中年，患有糖尿病，他在自我控制的情况下，走南闯北，直到过了八十岁还能工作，他认为得益于当年学校体育运动的经常性和普及性。

清华中学学生的文娱活动搞得也很红火。每学期都要举行班级间的歌咏比赛，从学期开始，各班就要选择歌曲，一般选的都是无伴奏多声部合唱。晚饭后自习前，全班集中在一起，练习唱歌，一时间全校歌声嘹亮，甚是热闹。戴复东班级毕业前还在贵阳市举办合唱音乐会，所得门票收入，用来购买礼品回馈学校。音乐课上老师用留声机播放世界名曲，然后让学生把体味出的乐曲内容描写出来。这种音乐素养的培养让清华中学的学生终生受用。

当时学校还流行排演话剧，排演的都是进步剧目，戴复东班排演过曹禺的著名话剧《雷雨》，班里都是男生，剧中的繁漪、鲁妈、四凤都是男扮女装，同学很下工夫，演出很成功。

戴复东从小跟着父亲看京剧，听父亲唱机里的戏曲唱段，在清华中学的氛围中，也激起了他排演话剧的兴趣，这种兴趣延续到大学，他在大学里还担任过话剧队队长。1948年元旦快到了，戴复东班级排演了由鲁迅作品改编的话剧《阿Q正传》，这已经是一部大戏了，大家还嫌不过瘾，戴复东和同学何植平又根据漫画家张乐平的作品，写了一部活报剧《三毛流浪记》。班里的同学年龄太大，没有合适的演员，他们就把初二年级的小同学丁廷模找来演三毛。丁廷模成年后任广西壮族自治区区委干部，他在晚年还清楚记得："排练这个活报剧，导演还是戴复东和何植平。正式演出那天，戴复东给我化妆，他用毛笔在我的光头上，从头顶到额头，浓墨重彩画了三笔，表示'三毛'，再让我穿上一件并不合身的破烂对襟衣。当我这副模样背上一个擦皮鞋箱走上舞台时，引起观众哄堂大笑。"

何植平是戴复东关系非常好的同学，他是中共地下党的外围分子，后来参加了中国人民解放军，改名叫王贵。这个时段，老师和同学中都有中共地下党党员和积极分子。他们常把反专制、反独裁、反封建、反社会不平等、追求民主的思想渗入学校活动中。还有人收听来自解放区的电台广播，同学间也会流传一些解放区的消息，甚至有老师在课堂上公开抨击时弊，宣扬解放，得到学生的共鸣。

离毕业的时间越来越近，必须要选择今后的前途了。戴复东心中很是烦恼，他从小喜欢画画，对文学艺术的东西很有灵性，父亲在的时候，常给他创造条件，鼓励他。6 岁的时候，在北平，父母亲带着他游中山公园，特地给他买了马利牌的水彩颜料，毛笔和画画用的本子，让他画荷花。平时有空，他也总喜欢照着书上的图画画着玩。长大一点，对音乐、戏曲都很感兴趣。会唱不少京剧段子。他和父亲最后在一起日子里，那天他坐父亲的车到昆明母亲那里，一路上唱了好几段京剧，有花脸戏《御果园》、《探阴山》，老生戏《让徐州》、《珠簾寨》等，父亲一直用很欣赏的眼光看着他。但是，现在，戴复东感到，自己有责任尽快帮助母亲分担家里的经济，他不能从事文学类的工作，也不能去学画画，他必须考一所大学学工科，这样才能毕业后找到稳定的工作，马上挣钱养家，而纯粹的工科又不是自己所喜欢的。

同学们都已填报了报考的大学，戴复东心中还在苦苦挣扎，他不是一个善于找人诉说的人，也不知有谁能给予自己帮助。一天，他在操场划破了腿，到校卫生室，陈琰老师是医生，关心地问他，怎么还没有定下来考什么专业，他犹豫了一下，把心中的苦恼全说出来了，陈老师马上说："那你就学建筑呗。建筑师需要学画画。"戴复东一听有这么理想的专业，喜出望外。他最后报考了南京的中央大学建筑系。

陈琰老师是戴复东在校时清华中学校长唐宝心的妻子（图 2－5）。唐宝心是清华中学八位创办人之一。从 1941 年至 1949 年担任校长 8 年，清华学子对他有口皆碑。戴复东对他们夫妇俩更是感恩戴德。2000 年 1 月，71 岁的戴复东入选中国工程院院士，他立即写了《七绝》一首，向清华中学、唐宝心老校长暨夫人陈琰老师致敬：

图 2-5 20 世纪 80 年代与校长唐宝心夫妇及儿子一家，左二陈琰，左三唐宝心

凡苗有幸入清华，养育精心壮嫩芽。

虽逾古稀结硕果，师恩铭记海无涯。

第三章　大学生涯

在这个系里，教建筑设计初步的杨廷宝教授、童寯教授都是在国外学习成绩很优秀的人才，他们对法国BEAUX ARTS的学派很熟悉，基本功很扎实，基本训练方法要求非常严格；助教巫敬桓先生曾是建筑系中异常拔尖的学生之一，从而留校任教。在他们的直接培养教育下，我很喜欢建筑渲染；教素描、水彩的是李剑晨教授和樊明体先生，他们也很重视基本功，室内室外的写生一直引起我很大的兴趣；刘敦桢教授的中外建筑史使人神驰古今，心向内外；张镛森先生教建筑构造，联系实际，深入浅出，点深面广；杨、童二位加上徐中先生、刘光华先生等老师教建筑设计，让人觉得时时日日都在长进，我对中央大学（以后改为南京大学）建筑系的学习太满意了。

——戴复东

图 3-1　考入大学的戴复东

1948 年至 1952 年，戴复东在大学里读书，这四年中国经历了翻天覆地的变化，国民党政权由于腐败、失去民心最终倒台，中国共产党经过长期的、不屈不挠的斗争，最终夺取了政权，建立了与过去完全不同的社会主义社会。中国经历了两种社会制度的巨大变革。大学也发生了变化，戴复东个人和所有的中国人一样，无可避免地在新环境中被历练和塑造(图 3-1)。

如愿考入国立中央大学

戴复东报考的中央大学，是当时中国最有名望的国立大学之一，不过，现在中国内地大学名录里，已经没有这所学校，但它前身和后续仍清晰可查。

1902 年，位于南京市玄武区四牌楼 2 号，成立了一所名为三江师范的学堂，为创办这所学堂，在两江暂任总督的张之洞专门上奏折给光绪皇帝："……兹于江宁省城北极阁前，勘定地址，创建三江师范学堂一所，凡江苏、安徽、江西三省士人皆得入堂受学。……"不久，学堂一分为二，分别改名为两江师范学堂和南京高等师范学校。后来，近代著名教育家郭秉文竭力倡导，以南京高等师范学校为基础建立综合性大学，1921 年东南大学成立，郭秉文出任首任校长。学校是当时中国仅有的两所国立综合性大学之一，并逐渐享有"北大以文史哲著称、东大以科学名世"的声誉。1927 年，南京国民政府成立后，对全国大学进行了一次归拢合并，吸收合并其他学校的东南大学更名为第四中山大学。1928 年 2 月，又更名为江苏大学。

1928 年 5 月学校最终更名为国立中央大学，设理、工、医、农、文、法、教育七个学院，学科设置之全和学校规模之大为全国各高校之冠。1937 年抗战爆发，中央大学迁至重庆，本部在沙坪坝，虽然条件十分艰苦，但各地来的名师荟萃于中央大学，学生努力学习，高徒辈出，学校声誉达到历史最高水平。1946 年学校迁回南京，当年考生空前踊跃，有近万名考生报考，录取 1 000 名。1949 年 8 月 8 日新中国政府接管了学校，并将其改名为国立南京大学，1950 年，所有的大学都取消了“国立”二字，因此，戴复东 1952 年是毕业于“南京大学”。

不过他所毕业的这所南京大学并非现在的南京大学。1952 年开始，中央政府重点对全国高等院校进行类似合并同类项的院系调整，戴复东毕业后，母校有十多个院系分出去与其他院校合并，现在的南京大学是母校一部分院系与金陵大学一部分院系合并后的学校，校址在原金陵大学，而母校包括建筑系在内的工学院则留在原址，与其他学校的院系合并后成立了南京工学院，1988 年南京工学院发展成为新的东南大学。从建

图 3-2　1992 年东南大学 90 周年校庆时，戴复东与吴庐生在大礼堂前合影

筑系的线索看，东南大学应该是戴复东寻根的学校(图3-2)。

20世纪80年代以后，各个大学开始重视自己的前身和追溯自己的渊源，东南大学因使用了原中央大学的校址，便底气十足地认为是中央大学的直接继承者，而其他与中央大学有关联、衍生出来的学校颇为不服，尤其是南京大学。据说中央大学的原始档案除了工学院的，其余都在现在的南京大学，南大有人因此而辩理。在旁观者看来，只可惜了曾经的中央大学。

过去的中央大学无疑是全国优秀青年学子最向往的学校之一。当时各个大学都是自主招生，自己组织考试，出题很难。考试的科目有数学、物理、化学、英语、国文。清华中学专门请来老师为戴复东等参加高考的同学复习。原来教大学的数学老师于闺彦，准备了三道很难的数学题目教同学们解。那时候正值夏天，其他同学们昏昏欲睡，而戴复东注意力很集中，认真听老师分析，学到了很重要的解题窍门。8月初戴复东回到南京与家人团聚，并参加了中央大学的入学考试。一拿到数学卷子，戴复东就感到交了好运，原来，一共三道题，竟然两道是老师分析过的。其他科目考得也不错，戴复东顺顺当当地进了中央大学建筑系，母亲特别高兴，儿子到底没有辜负父亲对他的殷切希望，弟弟妹妹们也为大哥哥骄傲，决心要以他为榜样，好好念书。

戴复东这年20岁，他将在求学的道路上攀上一个新的高地，在这里确定了他一生将从事的职业和事业。父亲20岁的时候，从家乡投奔革命，考入黄埔军校，成就了他报效国家的宏愿，从一个普通的农村青年成长为叱咤沙场的抗日名将。父亲对孩子寄予很高的厚望，尤其对这个长子。中央大学给戴复东跨入人生新境界搭起了高高的台阶。戴复东日后写过一篇文章《建筑师的“苦”与

“乐”》，写到他对建筑师这个职业和这项事业的认识和感触：“建筑师对生活，对未来，对人有一种美好的憧憬和愿望，这是一种有诗意的文化活动。”

上课的老师都是名师

中国的近代建筑学教育始于 20 世纪 20 年代。中央大学在中国是第一个拥有建筑专业的高等学校。

中国是有着五千年文明史的古国，建筑文化源远流长，拥有灿烂的建筑艺术成果，但在漫长的岁月里，中国没有建筑师，只有工匠，建筑技艺靠师徒相传，建筑形式或建筑技艺的些许变化和创新，靠的是工匠个人才智发挥和经验积淀，中国的学校从来没有教如何建房子的。到 20 世纪初，中国开始有学生赴国外留学攻读建筑学专业，最早的是到日本学习，后来用退还的庚子赔款派人到美国去学建筑学的多起来，其中就读于宾夕法尼亚大学建筑系的最多，这批学生学习和传承的是源于法国工艺美术学校的古典主义学派，属学院派，该学派对绘画技艺的训练特别严格。这些留学生学成归来后，陆续开办建筑师事务所，成为中国第一代建筑师，显露出很高的才华。也是这批人，开创了建筑学教育。开始了中国人自己培养建筑师的历史。中国第一个建筑专业，于 1923 年诞生在公立苏州工业专门学校，是由日本归国的柳士英和刘敦桢等创办的，当时是建筑科。1927 年秋天，该校并入国立第四中山大学，第二年 5 月这个合并后的学校最终改名为国立中央大学。1932 年“建筑科”调整充实为“建筑系”。所以，一般都认定，中国第一个建筑系诞生于中央大学。

从美国宾夕法尼亚大学毕业的梁思成、林徽因 1928 年在东北大学创办中国第二个建筑系，而后，北平、广州、重庆、天津、上海等地的高等院校相继开设了建筑专业，以中央大学为首，中国的高校培养出第二代建筑设计师。无论第一代，还是第一代所培养出的第二、第三代，在 1949 年前后都是中国建设和教育事业的杰出人物。

在相对闭塞的贵阳花溪，戴复东高中临毕业还不知道有建筑专业。抗战期间，搬到重庆沙坪坝的中央大学建筑系，因名师荟萃，在社会上享有极高的声誉，该系那个时期被称为“沙平坝黄金时期”，因含金量高，该系的入学门槛也很高，宁缺毋滥。1948 年 9 月，戴复东跨进了中央大学的大门，发现班里只有 7 名同学，打听下来，上一届只招了 3 名同学。而教他们的老师，报出大名，个个如雷贯耳。在 20 世纪 30 年代，建筑界有“南刘北梁”之说，南刘指的是刘敦桢，北梁指的是梁思成。20 世纪还有中国的“建筑四杰”称呼，他们是刘敦桢、梁思成、童寯、杨廷宝。“四杰”中除了梁思成在清华大学，其余三人都在中央大学建筑系，是为戴复东这些学生直接授课的老师。

刘敦桢 1932 年加盟中国营造学社，和梁思成等一起，潜心研究中国建筑史，作出许多开创性的贡献。1943 年在重庆，他又回到他曾参与创立的中央大学建筑系担任教授、系主任，1946 年起任工学院院长。他讲授中外建筑史非常敬业，虽然学生只有几个人，却仍像给大班学生上课那样讲大课，枝蔓清晰，重点突出。他的黑板画十分精彩，线条清晰，为学生们所称道。寻常人眼里的“建筑”从他口里说出来，内涵极其丰富，具有民族性、地域性、艺术性，还有技术性、经济性。原先对建筑学不太了解的学生，包括戴复东，都眼界大开，对老师介绍的中国和外国的经典建筑心驰神往。

童寯本身是一位杰出的建筑设计师,1932年,他就加盟了宾夕法尼亚大学的同学赵深、陈植在上海创办的“华盖建筑师事务所”,设计了一批优秀而有特色的作品,其中有些作品在现代建筑史中占有重要的地位,并具深远的影响。他还是近代建筑理论研究的开拓者之一。

在学生的印象中,童寯治学特别严谨,对学生要求特别严格,教学中特别注意培养学生的独立工作能力。他精通英文,通晓德、意、法多种文字,又能博闻强记,知识面广而丰富,对事物常常有深邃睿智的见解,学生和老师把他当作“活字典”,有疑问和困惑询问他,总能解决问题。

戴复东在2000年回母校时写诗赞先师童寯:“质朴哲人气,珠玑蕙茉蕊。学博通内外,智邃贯古今。”“虽具鲲鹏志,难辞野老身,道德文采在,傲骨溢清芬。”

童寯还有些“老古董”,对女生非常客气,班中唯一的女同学吴庐生给他看画好的图,他站在2米以外,看着竖起来的图板,口中说行!行!而吴庐生内心却很希望他能多说两句。

杨廷宝在建筑教学中,十分强调基本功的训练,对学生的练习要求很严,一丝不苟。学生削铅笔,他要求外形要像饱含墨汁的毛笔,不要像狗啃的那样。他亲自为学生做水彩写生示范,拿自己的水彩作品,供学生参照学习。他生活非常简朴,却拿出一笔钱给建筑系作提高水彩画水平的奖金。

中央大学建筑系每个年级学生都不多,一到四年级学生常常在一个大教室里上渲染图课,高年级坐前,低年级坐后,同学之间可以相互看到他人的作业,这是该系的一种教学方法,同学可以在相互观摩中得到帮助和提高。比戴复东低一级的齐康后来成为中科院院士，他在2007年第9期《建筑创作》上发表回忆老师的文章，写道："我们这个班是幸运的，1949年8月进入大学的学生中，考入建筑系的学生因为种种原因，有的回家，有的转入其他的系，最终只有八人留下。上一届是六人，再上届是三人，全系师生加起来也不过二十来个人。杨老安排座位时将高班排在大教室前排，低班向后排，这样一进大教室可以先看到老大哥的设计和制图。记得当时看到潘谷西、戴复东等画的渲染的纪念碑、乡村邮政亭的图真是羡慕不已，这种高低班参差布置座位的确获益不少。"

杨廷宝还训练学生把照片上的中国建筑变成钢笔画，学生刚开始不适应，齐康有一次画了十稿。这样的训练，学生是受益无穷的。

在学习方法上，杨廷宝十分强调调查、测绘、观察工作。他常说："资料的积累是建筑创作的源泉"，又说"处处留心皆学问"。他善于观察、分析建筑作品。他常结合实际工程设计讲授工程经验。

每次出差，杨廷宝都不停地测绘、素描、了解和研究城市的发展史，记载地方的生产和风土人情。他积累了丰富的建筑知识，养成深入分析和观察事物的能力，他这一做法直接影响了他的学生今后的治学态度。戴复东也养成这一习惯，每到一处，别人看看玩玩，他却画本不离手，随见随画，不断地丰富自己的见识，锤炼快速绘画的技艺。

1958年，上海市准备建造3 000座位的歌剧院，由上海的几家设计单位出方案，一天上午10点钟，领导找到戴复东，要他当天拿出一个外形方案，并给出透视图。戴复东在下午3点钟以前完成了方案，交出了在0号图纸上的徒手外造型设计稿，其扎实的功底可见一斑。

1990年5月，戴复东在《建筑画》第五期撰文《建筑师徒手画——建筑师的一项基本功》专门论述了徒手画不可替代的功效，掌握徒手画需要的信息积累，掌握徒手画的途径和要克服的心理障碍等。他功底深厚的徒手画，是长期画不离手，技不离身的结果。

为建筑系同学上美术课的还有李剑晨教授、樊明体教授，他们都是著名水彩画家和教育家，李剑晨还被海内外誉为“中国水彩画的开山大师”。戴复东感到他们教授的基本功很受用，尤其是室内室外写生激发了他很大的兴趣。张镛森教授、刘光华教授、徐中教授等，都属中国第二代建筑学专家。张镛森教授建筑构造，联系实际，深入浅出，点深面广；童寯、杨廷宝再加刘光华、徐中教授建筑设计，让戴复东觉得时时日日都在长进，他对在母校的学习非常满意。三十多年后，刘光华还作为美国哥伦比亚大学校友，为戴复东进该校进修作了重要推荐。

这些名师和良师，在国共决战这段并不安定的时期，在解放初期政治运动多、教师外出参加工程多的情况下，仍训练了学生的基本功，给了他们设计的思想和方法，教会了他们自我学习，影响了他们的治学态度，以至在总量不多的学生中，高比例地培养出杰出人才，这也是师生共同努力的结果。

人到中年甚至晚年，与戴复东同年毕业的建筑系同学，就所知道的而言，齐康被评为中国科学院院士，钟训正和戴复东被评为中国工程院院士，吴庐生被评为中国工程设计大师，其他同学也多是教授、国家科技干部等。

在历史转折的前夕

1946年，戴复东母亲带领一家人从贵阳花溪历经千辛万苦回到南京，发现到处是发国难财的贪官。全家先住在湖南路勤益里6号，前面是民生大旅社。1947年7月国民党政府举行国大代表选举，其间，天天有人在旅社饭店请客，喧闹之声不绝于耳。市井不断传出代表贿选的丑闻。母亲听了非常伤心，感到父亲的牺牲换来的却是贪污腐化的盛行，常常痛心地流泪。

图3-3 1948年母亲与子女全家照

市面上的情况一天乱似一天，国民党政府对烈属的关照也在大打折扣，一次妹妹戴藩篱和母亲一起到总统府去领抚恤金，只拿到一半的钱。戴家孤儿寡母备感世态炎凉(图3-3)。

1948年下半年，戴复东进了中央大学学习，这时淮海战役已经打响，国民党政府的财政和经济进入极度危机，民众的生存环境日益恶化。共产党地下组织抓紧发动民众起来斗争，推动摇摇欲坠的政府早日倒台，而国民党绝不肯放弃政权，军警和特务则变本加厉抓捕和迫害反对者，社会的政治环境变得极其复杂。国民党和共产党都在争取中间力量和群众，都在提防对方暗藏在群众中的人。

一天晚上，戴复东和几个同学在宿舍里复习功课，忽然进来一个人，帽子压得很低，戴着一副墨镜，一言不发，瘸着腿，绕着宿舍，东看看，西瞅瞅，气氛紧张透了，戴复东也不知怎么才好。在大学中，既潜伏着共产党人，也混入了国民党特务，平时，同学们对两种人也会有直觉，但大家都不说，而此时，由于紧张，谁也不敢细看来者，不知他想寻出什么人，是想抓出共产党，还是想让国民党特务暴露，无论两者谁暴露，都会引发难以预料的后果。宿舍里的同学谁都没有吱声，过了一会儿，来者卸去了伪装，大家才认出，原来是同宿舍的张令湜，他是中大农学院的，会法文，曾教唱过法国革命歌曲《马赛曲》，大家心里知道他是共产党人，这样的举动让同学紧张了一场。

在中国人民解放军的强大攻势下，国民党军队节节败退，国民党政府准备撤离南京，要求戴复东母亲带领一家人一起走，母亲对他们说："我的丈夫、孩子的父亲在这儿，我们守着他，哪儿也不去。"和当时许多爱国青年一样，戴复东追求的是国家进步、民主和强盛，他要好的同学有共产党地下党组织的人，他对腐败的国民党政府越来越不信任，对共产党改朝换代寄予希望。学校成立学生应变委员会，戴复东也是其中的成员。中央大学共产党地下组织领导学生游行，他也积极参加了，并担任了宣传工作。

1949 年 4 月 1 日早晨，中央大学、金陵大学等 11 所大专院校 6 000 余名师生员工，高呼"反对假和平，实现真和平"的口号，上街游行到总统府，学潮是为共产党即将夺取政权制造舆论。戴复东则发挥美术专长，忘记了危险，游离在游行队伍之外，奔前跑后，在合适的地方刷标语，画漫画，做宣传鼓动工作。游行遭到军警和特务的镇压，造成 2 人死亡，100 余人受伤，这就是轰动全国的"南京四一惨案"。

比戴复东高一年级的机电系成贻宾同学是中共秘密外围组织新民主主义青年社成员，在游行队伍中是维护安全的纠察队员，遭军警和特务棍棒殴打，身受重伤，当即昏倒，血流满地，被捆绑着扔上囚车，后经学校地下党组织救护，到丁家桥医学院附属医院救治，一名地下党同志找到戴复东等同学，希望他们为挽救成贻宾的生命献血，戴复东是O型血，他立即献了200毫升，这也看出了当时地下党组织对戴复东的信任。

4月19日早晨8点，成贻宾终因伤势过重，停止了呼吸，年仅22岁. 噩耗传到中央大学，激起了师生的悲愤，老师领着同学默哀5分钟，学校地下党组织在殡仪馆为他举行了隆重的追悼大会。1950年清明节，成贻宾的遗体被安葬在雨花台烈士塑像东南一片苍松翠柏的山冈上。

当时中央大学地下党负责人叫周延佑，他是戴复东清华中学时要好同学何植平的表哥，何植平中学里就是地下党的外围成员。1948年9月周延佑找到戴复东，想把一箱资料暂时存放在戴家，他们对戴复东及他母亲的为人很了解，而且想到有戴复东父亲的名声做掩护，东西放在戴家比较可靠，但对戴家来说则是一件很危险的事，不过，戴复东和母亲认为他们是好人，答应了。戴复东把这个藤箱子藏到楼上，心里其实很紧张，每次回家，总要检查检查。一天，戴复东在家，闯进来一个穿军便服的人，身体壮壮的，自说自话上了楼，走到一半正好被戴复东遇见，大声责问他干什么，这人见有人，不置可否地走了。戴复东的心一阵狂跳，庆幸还好把这人拦住了，否则后果不堪设想。接下来家里人更小心谨慎了，绝不让陌生人再有机会闯进来。这箱东西直到南京解放第二天，才被安全地取走。

戴复东觉得自己为革命作了一件很有意义的大事，心中非常愉快，新中国成立后，他从来也没有把这件事当作资本向其他人吹嘘和炫耀过。

1949年4月23日南京解放，在这之前，中央大学两位知名教授梁希、潘菽已经秘密北上,参加新政协会议筹备工作。而中央大学立刻成立了教授会、维持会,防止国民党特务破坏,维护学校秩序。26日,两位教授从北平给护校的师生发来电报:“庆祝南京解放,并祝学校平安。”27日,师生电复梁、潘两位教授:“亟盼就近催促,派员接收,并恳请速驾返校,共策前途。”梁希、潘菽两位教授立即电请南京军管委员会派员办理中央大学接收事宜。5月7日,南京军管会派遣军管会文教接管委员会大专部部长赵卓为中央大学军代表,8月8日学校正式被新的政权所接管。此时,由梁希担任校务委员会主席,中央大学随之改名为南京大学,而后,潘菽接任校务委员会主席,1951年他被任命为接管后的第一任校长。

班中唯一女生吴庐生

戴复东同班同学中唯一一位女生叫吴庐生,她聪慧、好学,不输须眉,中学就读中央大学附中,她以考试平均成绩年级排名第二,被保送进了中央大学,大学工学院的新生一共只有3名女同学,另两位学化工。吴庐生大学毕业一年后与戴复东结成夫妻,他俩在事业上比肩齐进,生活上相濡以沫,是一辈子忠实的伴侣和搭档。

吴庐生的父亲和母亲是同乡,安徽庐江县人,父亲叫吴正华,母亲叫陈健吾,20世纪20年代同在法国留学,1929年他们在巴黎结婚,同年归国,1930年第一个孩子在江西庐山出生,是女孩,鉴于“庐江”人和生在“庐山”,父母为她取名庐生,后来出生的二妹叫朔生,三弟叫世生,四妹叫殿生。

母亲陈健吾出生于1901年,她的父亲是安徽省庐江县一位英文教师。因为父亲取妾,陈键吾1919年从安徽省国立第一女子师范学校毕业后,执意想离开家,报考了国立北京女子高等师范学校。这所学校是中国第一所女子高等学校，1908 年 7 月，清御史黄瑞麟奏请设立京师女子师范学堂，1909 年建成。民国成立后，1912 年改名北京女子师范学校，1919 年改组为国立北京女子高等师范学校，1924 年 5 月 1 日改名为国立北京女子师范大学。鲁迅撰写的《纪念刘和珍君》一文，就是悼念这所学校两名女学生，她们在反对段祺瑞政府的学潮中遭杀害。1923 年陈健吾从女子学校化学系毕业，第二年考取公费赴法留学，就读于法国里昂大学文学院教育专业，1929 年回国，在北平的中法大学任教，抗战时和胜利后在国立音乐学院教法文。她于 1949 年吴庐生大学一年级时病逝。陈健吾是一名新女性，她先后带动四个弟妹走出家门，考入高等学府，其中两个弟妹也出国深造（图 3－4）。

图 3－4　吴庐生母亲陈健吾

图 3－5　吴庐生父亲吴正华

父亲吴正华 1921 年毕业于国立北京法政专门学校法律本科，同年赴法国里昂大学留学，1929 年回国在北京大学任教，专攻外交史，抗战时和胜利后曾任国民政府教育部帮办，学术审议委员等职。他后来一直患帕金森症，于 1955 年吴庐生大学毕业三年后去世(图 3－5)。

父母亲与画家徐悲鸿、物理学家严济慈、生物学家周太玄、理论语言学家高名凯等一批人，都是留法时结成的好朋友，交往密切，吴庐生家中还有徐悲鸿送的画。在一次朋友聚会中，当时没有女儿的严济慈夫妇把吴庐生认作干女儿。

父母亲留洋回来，都在北平的大学里任教，做教授，有较优厚的薪金，小时候，吴庐生的生活曾经较为优裕(图 3－6)。1937 年"七七"卢沟桥事变后，日寇的铁蹄踏入北平，吴庐生一家的生活发生了大逆转。父亲随政府机关去了四川，吴庐生那年才 7 岁，弟弟妹妹，年龄都很小，最小的妹妹只有 1 岁，因长途跋涉行动不方便，母亲只好带着孩子暂时留在北平。留下来的日子越来越不太平，日本人几次上门，逼母亲去他们控制的学校上课，母亲总是以"孩子小，要人照顾"来推脱。母亲怕日本人会进一步怀疑和追查父亲的去向，几次搬家，带着孩子东藏西躲，日子一天比一天艰难和险恶，在煎熬中度过了三年。

图 3－6 幼年时吴庐生与父母，站立者是三姨

1941年母亲想办法搞到了去大后方的通行证，以回安徽老家探亲为由，带着四个孩子到四川去找丈夫，吴庐生这年11岁。这是一次艰辛又危险的旅程，他们不能直接到四川，只能迂回而行，从河北到山东，到江苏，到江西，到湖南，到广西，然后到贵州，最后到四川，途经九个省，行程万里，历时一百多天。沿途的兵荒马乱，生灵涂炭，让吴庐生刻骨铭心。

途中，她们几次遭遇日军关卡搜查，还听说有一个商人身上搜出许多国统区发行的纸币，就被浇上汽油活活烧死。她们也遇到最危险的一次，一个日本兵在母亲腰间像似碰到了什么，恶狠狠地问，是什么东西。母亲表面镇静地回答："是女人用的东西——草纸。"她藏着的实际上是大后方开的通行证。日本兵不罢休，指着吴庐生和弟妹问："他们是什么人？"母亲回答："是我的孩子。"日本兵又指着旁边几个学生问："他们呢？"想不到母亲回答："也是我的孩子。"吴庐生目睹了母亲义薄云天的举动。

一路上，她们坐火车，乘汽车，还乘过轮船和小筏子。有时，一段路没有交通工具，只能靠步行。一次，弟弟走不动，母亲雇了个人背他，谁知，那人跑得飞快，背着背着，不见了，她们也听说当地有把孩子背去卖了或绑架起来勒索的事，母亲发疯一样带着其他三个孩子去追，终于看到弟弟正在那人背上挣扎着。儿子找回来了，母亲极度紧张的神经一放松，竟昏死过去了，多亏了当地还有敦厚的老乡，用一碗枣子汤把母亲救醒。

和父亲团聚后，一家人随国民政府教育部住到远离城市的四川青木镇，后来再到重庆，抗战胜利后，搬到南京。父母亲在国外留过学，思想开明，母亲会根据孩子的兴趣、爱好和才能区别培养。大妹妹喜欢音乐，母亲买一架钢琴，请学校钢琴系的学生来教她。

小妹妹喜欢画画，母亲鼓励她。父亲则仍然重视孩子的传统文化教育，孩子生日，他送本小册子作礼物，扉页上写着“忠、孝、仁、爱、信、义、和、平”八个字。父亲平时常以“胆越大而心越细，志越圆而行越方”的言行教育吴庐生，她在日后对这一教导的理解日益深切，并把它贯彻到建筑设计构思的过程中。

吴庐生选择学建筑学，是自己决定的。当中大附中保送她进中大，就选什么专业，她询问干爹严济慈，学物理是否好，干爹自己是中国现代物理学研究工作的创始人之一，他没有支持女孩子学物理，觉得不能出类拔萃还是不要学。在当时，一个女子要自立，做自由职业者，可供选择的职业并不多，一般是医生，还有律师。吴庐生不知道女生也可以干建筑师这一行，后来一位高年级建筑专业同学向她提议，可以报建筑系，她才定下，从此，她对这一专业的热爱贯穿于一生，永无穷尽。

遭遇前所未有的穷困

戴复东还没有上完一年级，国家就从旧社会跨入了新社会。中国人民解放军攻占南京后，纪律严整，晚上睡马路，让饱受战乱之苦的民众感觉到，一个清明的时代开始了，共产党可以给中国带来新生。在接下来三年的大学生活中，新政权还不稳固，于是打击旧势力、清扫旧思想的政治运动一个接一个；国家百废待兴，大学里的老师经常被派去参加国家的建设工程。

为了建设一个新中国的理想，同学和老师克服各种困难，努力地把能做的事做好。戴复东和吴庐生在大学里都加入了中国新民主主义青年团。在团组织里直接接受了共产主义的思想，世界观和人生观都发生了很大变化。

图 3-7　1948 年吴庐生(左一)与同班男生合影，左三是戴复东

戴复东在中学，一律都是男生，进了大学，班里只有一名女生，这名女生独来独往，和男生没有多大关联(图 3-7)。解放了，学校的气氛发生了很大变化，戴复东在学校里很活跃，参加腰鼓队、足球队，还担任话剧团团长。班里有一个同学，数理成绩很好，设计、绘图却很差，戴复东和吴庐生是青年团员，一起去帮助他，在这个过程中，两人有了接触。后来老师经常去参加政治运动或者参加工程建设项目，同学们都到图书馆自学，抄图，画图，他俩在一起讨论学习问题，志趣越来越相投，感情也越来越接近，慢慢走到了一起。毕业时，团支部的同学寄语他们俩：在祖国建设的战斗岗位上，青年团是先进的旗帜，是党的助手和后备军(图 3-8)。

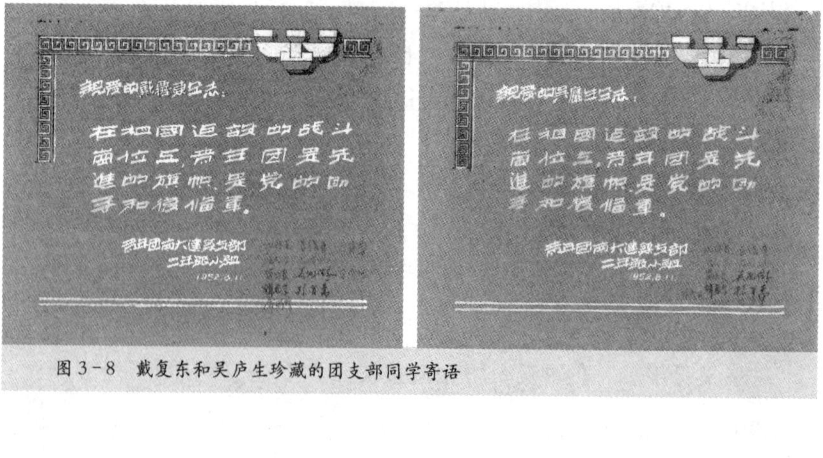

图 3-8　戴复东和吴庐生珍藏的团支部同学寄语

国民党政府去了台湾，戴复东的家彻底断了经济来源，陷入了空前的贫困，家搬到另一处租金便宜的房子，母亲开始变卖东西，一年多时间里，家里变得一贫如洗。戴复东在学校里填表申请助学金，有关家庭财产一栏，他填写了“家中有一袋面粉”，这一袋面粉就是全家的口粮。居委会起初介绍母亲去公交公司的车队卸煤，但瘦弱的母亲又是小脚，怎么干得动这活儿呢，没有去。后来，居委会又介绍她去一个生产自救的粉丝厂干活儿，才得到一点微薄的收入。1951 年，体弱的弟弟靖东得了肺病，每天下午发热，两边脸颊通红，但没钱看病，母亲从很少的钱里抠出钱，坚持每天让靖东吃一个鸡蛋。老太太、大奶奶又送一瓶鱼肝油膏给靖东吃。吴庐生第一次上戴复东的家，大吃一惊，完全想象不出，这是曾经将军的家，床上铺的床单看上去还干净，但都是破的。后来，吴庐生把母亲留给她的一只手表，给了戴复东的母亲，让她把手表卖了，得了 5 块钱，给家里买了些米面。直到 1952 年戴复东大学毕业工作，全家才算走出了困境。

留洋教授的女儿吴庐生，实际境况也相当惨。上大学前的 1947 年，父亲被政府机构减员失业了，后来又得帕金森症。全家靠母亲一个人挣钱，然而更不幸的是，大学一年级时母亲也得了癌症，来看望她的学生、同事临走时，有的放一块银元，有的放一个戒指，暗中给予帮助。到了 1949 年暑假，母亲动手术要输血，家中根本没有钱，吴庐生干着急，结果，她同年级的几名男同学不知怎么知道的，赶来为她的母亲献血，让她感动得直流泪。

吴庐生在大学开始时与男同学几乎没有任何交往，班里只有她一个女生。在不熟悉的同学间，那时还是受男女有别影响的，彼此不来往。她从小独立，家里经济上的窘境使她很压抑，此时的她，像一只孤雁，独来独往，课余时总是和农学院、理学院的几个女生在一起（图3-9）。上基础课是在南京丁家桥，经常换教室，也没有人通知她。而同学来献血，让她感到了温暖。

图3-9 吴庐生（左一）与同宿舍女生合影

别人又告诉她，可以向女青年会申请帮助，她得到一些粉状的葡萄糖，当时什么也不懂，用自来水溶解了就给母亲挂点滴。

母亲还是去世了，家里也断了经济来源，家中值钱的东西都卖完了，只有北京还有两间房子，父亲和弟弟就被送到北京与姨妈家一起生活，小妹妹也投奔四川亲戚。吴庐生有时候找一些为准备高考的学生补课的活儿，挣一些零碎钱。生活的重压没有放过她，她自己也患了甲状腺肥大病，吃药又影响到肾，手脚浮肿。她想放弃上学去找工作，被刘敦桢知道了，老师鼓励她一定要读完大学，并每个星期天把她叫到家里吃饭，让她能吃些肉，还给她钱买盘尼西林药治病。直到工作后，她在食堂吃饭，也要把菜用开水洗一洗，以减少盐分。

父亲1955年去世前，一直生病，得到朋友们的一些资助，吴庐生向父亲承诺，今后一定把资助的钱还清。父亲去世后，她写信给北京市市长彭真，请求允许把父亲住的房子卖掉。房子卖掉的钱，她一个一个地去归还，包括干爹严济慈，干妈执意不收，拗不过她，最后收下，转身又送给她一块手表。

第四章　成家立业

大学毕业后，我被分配到上海同济大学建筑系工作。这是解放后经过院校调整的大学……由于师生来自不同的学校，加之很多教师毕业于很多国家，因此随时随地都自然而然地存在着和表现出不同的学术观点和看法。这是一个“营养”异常丰富的“土壤”。在这里，我思想上原有的 BEAUX ARTS 学术观点受到了冲击。通过一段实践我认为是“民族形式社会主义内容”的东西在 1955 年变成了“复古主义”，并受到批评。这时系里组织了对现代建筑发展历史和四位现代建筑大师事迹的学习，给我很大启示，我如饥似渴地学习新东西，开始作新的探索。

——戴复东

国家等着建设人才，1951年暑假，戴复东三年级刚上完，杨廷宝给他们联系好到北京的设计机构实习。戴复东和吴庐生被安排在中共中央直属修建办事处。当时戴念慈、严星华、王申祜等著名建筑师都在那里工作。年轻的学子第一次真正地接触了实际，戴复东做了一个首长住宅，吴庐生做了一个小医院。这段经历，让他们很受用，戴复东深切感到，建筑设计工作不仅仅是画一些方案图、渲染图，而是建造一项实际可供使用的工程，因此对工程技术问题要非常重视才行。

这时，戴复东与吴庐生已建立了恋爱关系。新中国的大学，在很长一段时间，公开不允许谈恋爱，在毕业分配时，有关组织有时不仅不照顾已经知道的恋爱关系，还会棒打鸳鸯，把两人各分东西，隔得远远的。最初分配，戴复东留在母校，吴庐生分配到上海同济大学，但最终，两个人一齐到了同济。这里将续写他们新的人生。

同济建筑系

同济大学在1949年以前，也是一所国立大学。它的前身是同济德文医学堂，是一所德国人办的私立学校，正式创立于1907年。后来，医学堂与一工学堂合并，称同济医工学堂，这时，在工科中开设了土木科。1927年南京国民政府建立后，学校被批准转为国立大学，是中国少数几个国立大学之一。1930年，土木科改为土木系。抗日战争爆发后，学校六次迁徙，最后在四川宜宾的李庄落脚，艰苦办学，成绩斐然。复员上海后，时至1948年8月，学校已拥有医、工、理、法、文5个学院，16个系，9个附属单位，初具综合性大学规模。医学院和工学院分别成为医生和工程师的摇篮，医学院还具“北有协和，南有同济”的美誉。

1952年春天，中央人民政府借鉴苏联高等教育模式，在全国范围开始了大规模的院系调整。交通大学、大同大学、圣约翰大学、震旦大学、之江大学、中央美术学院等9所院校的土木、建筑、测量各系、科、组全部集中到同济大学。相应地，同济大学也将医、理、文、法等院系迁往其他高校。经过调整，同济大学成为国内规模最大的土木、建筑、测量工程类的高等院校，这种格局一直维持到上世纪70年代末。

同济大学原来只有土木系，没有建筑系。1947年之后金经昌、冯纪忠先后加入土木系，两位都是业界的翘楚。金经昌毕业于德国达姆斯塔特工业大学，就读城市工程学与城市规划学，回国后曾在上海都市计划委员会工作，他也是著名的摄影家。冯纪忠1941年毕业于奥地利维也纳工业大学建筑系，1946年回国后，曾先后在南京、上海的都市计划委员会工作。1949年后他的现代主义设计作品——西湖花港观鱼受不公正批判，但他提出的建筑空间理念在建筑学教育中影响深远，终于在高龄后，被誉为中国现代建筑的奠基人，成为我国第一位美国建筑师协会荣誉院士、首届中国建筑传媒奖“杰出成就奖”得主。新中国成立后，面对国家建设的需要，同济大学的土木系在高年级阶段分设了市政组，对学生的培养方向更加倾向于城市规划和建筑设计。正是这个市政组，在1952年的院系调整中与圣约翰大学建筑系、之江大学建筑系等共同组成新的同济大学建筑系，系里设置两个专业，其中一个当初名为房屋建筑学，后改名建筑学；另一个初名为都市建设与经营，后改名为城市建设与经营。两个专业一共设了6个教研室，戴复东到同济后分在设计教研室，吴庐生分在建筑构造教研室。

之江大学和圣约翰大学一个在杭州，一个在上海，都是华东地区著名的美国教会学校，教学起点都相当高。1950 年，学校被接管，现在之江大学的原址是浙江大学，圣约翰大学的原址是上海华东政法大学。

中国建筑学教育主要有两个渊源，也可以说主要有两种体系，一种是古典主义学院派，一种是现代主义派。古典主义学派源于三百多年前走来的法国巴黎美术学院，在欧美有很强的根底；现代主义学派源于上世纪 20 年代开办的德国包豪斯学校，学校后来虽然停办，但与现代工业社会相符合的现代主义在 30 年代的美国发扬光大。

之江大学的教学倾向于欧美学院派的体系。教师主要毕业于美国宾夕法尼亚大学，在教学中对基本训练要求很严格，在素描、水彩、渲染、平涂、阴影、透视等设计表现方面有系统的训练，设计本身也更注重艺术造型及立面处理。

戴复东就读的中央大学，承袭的主要也是古典主义学院派。他刚进同济大学时，源于杨廷宝、童寯等老师的古典主义占据了他的头脑。

圣约翰大学的教学主要是现代主义学派，学校的创办者黄作燊师从现代建筑大师、包豪斯学校创办者格罗皮乌斯，他的教学是在低年级即开始为学生开设类似现代建筑设计概论的课程，强调建筑与生活、建筑与技术等的关系，在基础训练方面并不强调一般的平涂、渲染等建筑图的表现技巧，而是通过动手做模型，训练学生的三维造型能力；在建筑设计中则提倡社会调查，请设计委托单位直接向学生提出假的设计题目，最后请设计委托人评议。

而同济的冯纪忠和金经昌求学之处，正是欧洲现代主义思想的发源地，深受新思潮影响的他们，在教学中贯彻的也是现代主义思想。

同济大学新组建的建筑系集中了中国建筑界当时的中青年才俊，其中有来自之江大学的陈植、谭垣、罗邦杰、黄家骅、吴景祥、吴一清，有来自圣约翰大学的黄作燊、周方白、陈从周、陈业勋、李德华、王吉螽、罗小未，来自交通大学的哈雄文、巢庆临，同济大学的有金经昌、冯纪忠、唐英、陈盛铎。

追寻这些教师的学养，教育背景和文化背景不尽相同，个个学识广泛，多才博学，他们中的许多人学贯中西，有深厚的文化艺术修养。同济建筑系在成立之初，形成了古典派与现代派势均力敌、群峰并立的局面。这一状态在中国的其他高校是绝无仅有的。在以后的日子里，建筑系是同济大学中流派、学术纷争最多的单位，当纷争以百花齐放、百家争鸣的状态出现，建筑系就欣欣向荣；当纷争遭遇政治评判标准时，流派或抑或扬，学术之争抑或演变为路线之争，人际之争。

举家到上海

上海离南京很近，戴复东和吴庐生没有到过。两人童年和少年时代因抗日战争，迁徙、奔波、逃难，到过许多地方，直至大西南。现在他们大学毕业了，从旧首都奔往中国最大的城市上海，从此就再也没有离开过。

那天是星期天，上午，戴复东和吴庐生收拾了一个简单的行李，登上了南京开往上海的火车。他们渴望尽快参加已经喜欢上了的工作，也渴望尽快改善窘迫的家庭经济。四五个小时后，火车到了上海北站。以当时概念，同济大学是在远离市中心的近郊。往那里没有直达的公共汽车，他们叫了一辆三轮车，直奔同济大学。

同济所在的四平路，很多年两边都是农田，路灯距离也很远，晚上灯光昏暗，走在路上，会让胆小的人害怕。住在同济新村里的教职工，要到现在只有十多分钟公交路程的虹口区四川北路，会说“到上海去”。这种说法延续到20世纪80年代，还可以听到，让新进同济的教职工，觉得很滑稽(图4－1)。

图4－1 20世纪50年代的同济大学大门

进了同济，已是下午，门卫指示戴复东和吴庐生到南面的矮平房报到。走近平房，只见一位穿圆领衫的中年人走来，连说欢迎欢迎，他就是当时的教务主任、后来的校长桥梁大师李国豪，戴复东和吴庐生备感温暖，一种到了家的感觉涌上心头。两人分头住进了教师集体宿舍。

1953年，戴复东与吴庐生结婚，婚事办得简单得不能再简单。

他们仍然住在集体宿舍——新建的解放楼。吴庐生撰文回忆当时忘我的工作热情，写道："刚到建筑系，年青教师特少，我被分配到建筑构造教研组，戴复东被分配到建筑设计教研组，我又参加建筑初步教学小组，作建筑经济课助教、上外系建筑学课，还要突击俄语，每天晚上搬张桌子，坐在解放楼的走廊里，在昏暗的灯光下赶制建筑初步或建筑构造的示范图。当时要求年青助教要超前将示范图挂在教室里，每个作业都要给同学示范，这对我既是压力又是提高；教学生涯既十分艰苦，但又十分充实。每天晚饭后年青教师都集中在解放楼的门厅里，站在楼梯的踏步上，由朱伯龙先生指挥大合唱，当时朱先生还不是教授，他是同济著名的三条龙之一（朱伯龙、张人龙、张德龙）。朱先生的结构理论水平很高，又勇于实践、敢于创新。又是文体活动积极分子，除唱歌外，还带着年青教师扭秧歌。在给外系讲建筑学课时，学时少、内容多，为了提高课堂效率，决定自制教学挂图，匆忙赶到文远楼阶梯教室上大课时，两只脚竟穿了两只不同的鞋，走上讲台，发现同学望着我的脚，方才发现，师生相视大笑。"

想到戴复东的母亲带着弟弟还在南京艰难度日，夫妇俩决定让母亲搬来一起住，他们把两人的工资交给母亲当家，自己则一头扎进刚刚开始的工作中，戴复东终于落实了当初要挣钱养家的念头。当时大学毕业，每月的工资 60 元，高于一般的工人，但夫妇俩赡养家人，最多的时候，连自己，一共要养 9 口人，家中吃饭，也是炖一大锅子白菜类的蔬菜，很少有肉吃，家中的住宿也异常窘迫，按照单位分配住房的标准，戴复东的两个未成年的弟弟是不能计算在家庭人口中的，吴庐生据理力争："他们是靠哥哥养活的，让他们住到哪里去？"学校最后分配了一套小五间的住房，有两间只有五六平方米(图 4-2)。

图 4-2 戴复东夫妇(后排左二、左三)与母亲、弟妹们

吴庐生的父亲这时在北京姨妈家,他患帕金森症已风烛残年。1955 年,戴复东的儿子戴维平出生,满心欢喜的戴复东,动手画了一张儿子的画像,寄给外公,不久外公去世。

和大儿子戴复东住在一起的日子,母亲是快乐的,当戴家第三代出世后,母亲更是高兴(图 4-3)。解放后,母亲积极参加居委会工作,来到上海,她也在同济新村居委会担任义务服务工作,迈着一双小脚,有时去帮人调解纠纷,有时检查卫生和安全。她和善,认真,多次受到杨浦区政府有关部门的表彰,邻居们看见她,也总是尊重地叫她戴妈妈或戴婆婆。有母亲做后勤保障,戴复东和吴庐生把家务事抛在一边,专心致志地干事业。戴复东在一首自己收藏的小诗里记录了一次深夜备课写讲稿,写道:“冷雨寒风喜夜长,热情暖意续文章。篇成掷笔鸡遥唱,犹见邻灯引曙光。”吴庐生十分感谢婆婆为她做的一切(图 4-4)。

图 4－3　祖母与孙子戴维平

图 4－4　戴复东三口之家

校园建设崭露头角

1952 年的同济大学人才济济，但校舍奇缺。日本人投降后，同济大学复员上海，因原来的校舍都被炸毁了，暂时分散在几处上课。同济大学四平路校区原来是一所日本人的中学，校舍根本满足不了新中国成立后蓬勃发展的同济大学，学校临时建了三个大草棚做教室，食堂兼礼堂也是大草棚。

大规模的校园建设开始，同济大学得天独厚，以建筑系教师为主体成立了建筑设计处，承担了大量华东文教委员会下达的工程设计任务。教师们经过解放初期一系列政治运动和思想改造运动，被注入了新思想，一个个都期待在新社会、新时代做出成绩，对校园建设投入了极大的热情。戴复东、吴庐生一进校就赶上了设计实践的好时期，他们把这一过程当做进一步学习的大课堂。

在 50 年代热火朝天的校园建设时期，无论是学院派还是现代派都有上好表现，文远楼和教工俱乐部建成，其现代主义的形态相当引人注目，1993 年获得中国建筑学会评选的“优秀建筑创作奖”，文远楼作为包豪斯建筑的典范被列为上海市近代历史保护建筑。

先后完成的十多项工程，造就了同济大学以后校园的基本格局。其中南北两幢中心教学楼更是确定了走进同济大门的第一印象。两幢红砖教学大楼端庄大方，规整对称，归于学院派建筑，1956年建成，是由当年的建筑系系主任吴景祥领衔，带领戴复东、吴庐生做方案设计，由吴庐生和朱亚新做施工图设计完成的。建造中心教学大楼是学校的重大事情，1954年，在全校进行了设计竞赛，校部领导专门招待建筑系教师，举行了宴会。会上，冯纪忠引用了杜甫《江上值水如海势聊短述》中的诗句“语不惊人死不休”来表达做好方案的决心，当时给年轻的戴复东留下深刻印象，几十年后他作诗欢迎已退休的冯纪中与夫人回校，诗中还提及这事。

对于建筑，一般人多的是看热闹，时过境迁，现在一些看似平淡无奇的同济校园建筑，实际上都有流派的痕迹，包含有当时的创新，也包含有历史的纷争。2004年第6期《时代建筑》刊登署名钱锋的文章《同济现代建筑思想的渊源与早期发展》，提到中心教学楼建造前的周折：“1954年，同济大学组织学校中心大楼方案竞赛，教师们合作提交了二十多份方案。作品形式多样，有自由简洁、强调功能环境的，有借鉴民居朴素形式的。最后学校领导选定实施方案是在他们授意下采用的中国复古样式建筑。该方案建筑平面及形体类似莫斯科大学教学楼，中轴对称，高层并盖有大屋顶，墙面装饰中国传统图案。建筑系中不少具有现代思想的教师对校领导选择的这一方案很有意见，认为形式浮夸而陈旧，没有时代特点，且过于铺张。在1955年反浪费运动的潮流下，十几位教师联名上书周总理，以经济性为由请求停建尚未动工的大屋顶和部分装饰。周总理派工作组前来了解情况后，批准停建请求。此举的成功极大鼓舞了系中现代建筑思想的发展，使其逐渐强盛起来。"

50 年代的中国唯原苏联马首是瞻，苏联建筑教育与设计一贯遵循的是学院派，学院派的民族形式也因此在中国占了上风，除了体现在教学上，全国的新建筑出现许多仿古典的大屋顶。50 年代中期，苏联兴起反复古主义，中国也进行了反复古主义运动，再加上当时确实要"反浪费"，大屋顶遭到批评。

初出茅庐的戴复东的设计思想，第一次因设计中心教学大楼和图书馆的大屋顶受到冲击，不过，系里接着组织了对现代建筑发展历史和四位现代大师设计思想和作品的学习，他们是格罗比乌斯、勒·柯布西耶、密斯·凡·德·罗、赖特。戴复东从中深受启发，他如饥似渴地学习新东西。1956 年冬天，他有机会设计同济大学结构试验室，这是全国最早建立的结构试验室之一。这次，他摒弃了原苏联工业建筑的框框，但吸收它的部分优点，用现代的手法来设计，受到好评，该建筑沿用至今 50 多年(图 4-5)。

图 4-5　戴复东设计的同济大学静力与动力结构试验实，分别建成于 1956 年、1979 年

因政治干预，同济的学术流派有此消彼长的情况，但没有绝对的输赢，戴复东和吴庐生在这样一个不单纯的环境里，多了学习借鉴的条件，锤炼了争辩后包容的心态，把它看作营养丰富的土壤。也正因如此，在几十年的时间里，博采众长的“同济学派”形成了。

戴复东至今收藏有被否定的原中心教学大楼和图书馆方案的效果图，看上去气势宏伟，当初是抱着“民族形式社会主义内容”的思想设计的，如果照此建成，延续到今天，风水轮流转，也未必不成经典（图 4-6）。

图 4-6 戴复东 1956 年设计绘制的原中心教学大楼和图书馆方案效果图

第五章　小试牛刀

我和吴庐生从开始独立设计时，就一直有这样的想法：怎么才能让生活在建筑里的人感到舒服，感到惬意，感到方便，于是我们就想尽办法做到这一点。再一个想法就是：不追求挥金如土的高成本，尤其是在国家和人民群众还不富裕的情况下，所以，设计中我们总是力求做到低材高用，普材精用，物尽其用。创造宜人的建筑和建筑环境是我们一直以来的追求。

——戴复东

戴复东在向前辈学习中开始独立思考，承担设计任务。在几十年后，他对人们热衷于提及的“建筑设计创意”问题总结了自己的感悟，他说：“建筑设计是一个内容很多、范围很广，包括了规划、建筑结构、设备、室内外环境等等在内的独立或综合项目，也是一种系统工作。所以对以上的内容范围作出有创意的设计，就存在着困难和容易的差别，就有大型、中型、小型各种创意之分。而且创意对于各个工种而言，牵一发而动全身，是一种既有局部又有全局的活动。我想建筑设计中的创意，就是采用新的办法，想前人所未想，与前人不同，在前人的基础上往前走一步，来解决实用、安全、经济、美观的课题。这一步可能是很大的一步，也可能是很小的一步，有人可能会想，应当是很大的一步才够创意的格，小一步算什么，我想创新是社会和人类发展的根本动力，人类和社会发展就是无数大步和小步的结合，从原始状态发展到今天，我们的环境是从巢居穴居篷居走到今天安全舒适的房屋。所以不要小看这一步，它是大步的基础和大步的前兆，我们不要因为步小而不为，因步小而不走。”他把自己的设计创作生涯称为“小脚步和小脚印”。

独立设计有收获

1954年，上海交通大学要建造教师住宅，刚刚毕业两年的戴复东得到了设计机会。甲方提出要求，单元户要按照家庭人口比较多的方案做设计。正好戴复东自己家庭人口比较多，他以此为参照，设计了建筑面积87.5平方米的单元，有一间主卧，两间次卧，还有起居室、餐厅、工作室及厨卫。具体安排单元内空间时，他考虑到上海的夏天很热，当时使用电扇都是件奢侈的事，要让住在里面的人舒服，就应该争取做到每个房间都能通风。这套房型建成后，直到上世纪80年代中后期、国内没有空调以前，仍然相当受欢迎。

年轻的建筑设计师，在成长的过程中，常常会通过参加设计竞赛来展示才华，以期获得设计任务。1957年初，杭州要在西湖东边造一个华侨旅馆，举行了全国性的设计竞赛，这在解放后是第一次，全国各地的设计师磨拳擦掌，欲一争高低，戴复东和吴庐生得知这一消息很高兴，报名参加了。建筑师拿到一块地基，要在上面设计房屋，总会遇到有利因素和不利因素，设计师的高明与平庸之分，不光在于外立面的造型，也不光在于内部功能是否合理，更在于发扬有利因素，克服不利因素，化不利因素为有利因素，而这一点，往往只有行家才能看得出，也只有行家才能做出评价。

华侨旅馆地基的有利因素是紧靠西湖景观，不利因素是，如果客房面向西湖，就会遭遇西晒的太阳，夏天会很热，当时也没有空调这一说。戴复东冥思苦想，反复琢磨，吴庐生也帮着出主意，终于拿出一个方案，既从空间布置上考虑到在各个客房都能看到西湖景观，让客人赏心悦目，喜欢这家旅馆；又用锯齿形结构造型解决了客房遮蔽西晒太阳的问题。构思合理又巧妙，造型新颖也美观，这个方案获得了一等奖。

虽然因客观原因方案最后没有实施，但对戴复东个人来说，这是一次不小的成功，在同行中也造成不小的影响。戴复东把它收在了自己的经典案例中，在以后，常以此为例，向后辈讲述“创意”往往孕育在化解不利因素之中。

1957年，戴复东和吴庐生在吴景祥教授指导下，还参加了波兰华沙英雄纪念物国际设计竞赛，也取得了不俗的成绩，获得了方案收买奖。

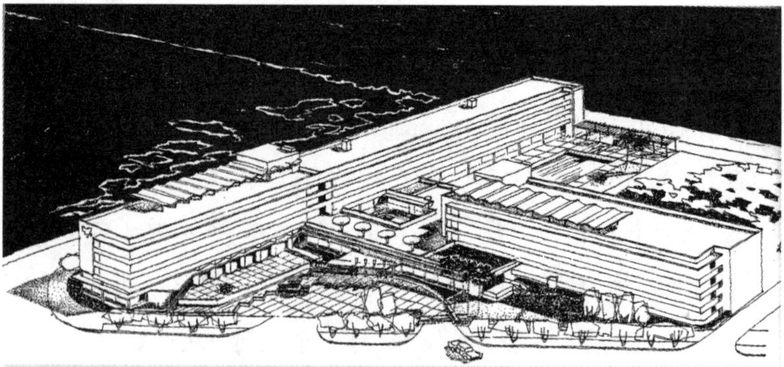

图 5-1 戴复东设计绘制的杭州华侨旅馆

意外接手东湖客舍

人说三十而立，戴复东和吴庐生羽翼渐丰，胆子也大起来。1958年，戴复东整30岁，吴庐生28岁，机遇又一次降临到他们头上。

五六月的一天，湖北省交际处来了几个人，他们带着已经画好的施工图说是请同济的专家看一看，系主任黄作燊带着戴复东一起到了上海锦江饭店。来人有业主代表，一位缺了一条胳膊的威武军人，叫朱汉雄，戴复东后来一直称他"独臂英雄"；还有一位中南设计院的设计师。讨论时，戴复东直率地指出建筑物与地形结合得不够好，与天然湖泊的关系处理得不理想。谁知那位"独臂英雄"听后，当即否定原方案，要请戴复东重新设计。戴复东吃惊不小，怎么可以随便把别人已经做好的东西否定掉，自己来做呢？这是不道德的。谁知"独臂英雄"竟然认上了他，找到系党总支书记唐云祥，戴复东忙对书记说明不能接受的理由；结果"独臂英雄"索性找到中共上海市市委，让上海市委把任务压下去，同济大学只能接受了。接着，戴复东仅用了一天多的时间做好了方案，一周后，方案获得批准，马上被要求到武汉，现场做设计。建筑系让戴复东、吴庐生，加上党员教师傅信祁，组成设计小组；朱伯龙、汤葆华、蒋大骅负责结构，都是虎虎有生气的精兵强将。

这个工程称"东湖客舍"工程，也称梅岭工程。东湖是武汉的风景区，工程属于招待所的扩建，项目负责人就是"独臂英雄"。戴复东青少年时与军人有过许多接触，但在军人的指挥下搞设计，还从来没有遇到过。他命令戴复东，要设计一间长 8 米，宽 8 米，高 4.5 米的大卧室。这还叫卧室吗？戴复东反复向"独臂英雄"解释："这么大的卧室，人住着会不舒服的。"但"独臂英雄"根本不听，要求必须执行。

过了几天，"独臂英雄"请戴复东他们仨晚上到招待所的小会堂看戏，他们一进去就发现，怎么前面七八排位置都空着，再一看，中间坐着一个人，是毛主席耶！毛泽东当年如同神一般的威望，早已把三个年轻人震慑住了。能亲眼看见毛主席让他们激动不已，他们睁大眼睛死死地看着毛主席，生怕把什么看漏了，演出结束，毛泽东从他们身边走过，戴复东事后对人说："我们几个真的是屏住了呼吸。"

过后，"独臂英雄"对戴复东仨说，"明白了吗？这间大房子就是为毛主席建造的。"从此以后，大家再也不和他争辩了。当然，戴复东也更用心了。

整个工程有高级招待所，包括毛泽东专用住房，小会堂，室内游泳池及附属用房。虽然工程的主要服务对象是毛泽东等中央首长，应该有高规格的设计标准，但是，当时国家经济十分困难，到处是饿肚子的人。社会上的一切物质都十分匮乏。这种条件，一方面大大地约束了戴复东等人的创造空间，另一方面，也逼着他们穷则思变，突破常规，化腐朽为神奇。戴复东动足脑筋，在功能和材料上采用了几点异乎常人常态的做法。

一是低材高用，普材精用。房屋的墙壁装饰，采用当地的山石，屋顶铺的是普通的灰瓦，而屋内的地板，简直是废物利用。戴复东了解，当时的木材店里卖的都是整木，木头根部有斧头砍过的痕迹，不平整，卖出时要锯掉一二十厘米，这锯下的木料是没有用的。于是，他灵机一动：这一片片的废料，打磨一下，不就是很好的地面铺料吗？用上后，装饰效果非常好，而且节省了不少钱（图 5 - 2）。

图 5-2 主套房部分东外观

二是将小会堂讲台台口做几层可以伸缩活动的踏步。戴复东设想，台上做报告的人，如果想走下来与大家交流，台口有个踏步就好了，如果有儿童要上台献花，也可以直接从踏步上去。他还设想，平时不需要时，这个踏步可以推到讲台里面去隐藏起来，台前的通道可以显得干净通畅些。设想虽好，关键是怎么把这个可以推进拉出的踏步的图画出来，把大样设计出来，尤其是节点怎么做，当时什么可以借鉴的案例都没有，戴复东花了三天的时间动脑筋，来完成自己的设想。

三是土法解决室内游泳池的吸声材料。室内游泳池因击水和喧哗，存在中频和低频的混响声，要降低混响声，墙面最好用带孔的金属板，既防水又吸声，这在现在，根本不是问题的问题，但是在戴复东做设计的时候，却完全没有可能获得这些材料。他只能另想办法，设想，能否用打孔的磨砂玻璃来替代，当时对玻璃上是否能打孔，一点把握也没有，试一试，居然成功了。接下来，还要在玻璃后面垫上不怕水、不腐烂的吸声材料，这在现在，也不是问题，但在要啥没啥的年代，用什么材料替代呢？戴复东又是一番冥思苦想，想到农村的农民下雨天穿的蓑衣，那棕丝是不怕水的，拿来试试吧（图 5－3）。

图 5－3　游泳池穿孔墙面

所有这些奇思妙想，实施后，效果如何，戴复东当时都没有检验过，因为这是保密工程，他们设计完就走了，只知道最后他们获得了内部表扬。一直到几十年后，东湖客舍对民众开放，戴复东和吴庐生才有机会亲眼去看看自己的作品，并听听反映。据说毛泽东晚年常来武汉，有很长一段时间住在那间大屋子里，据说挺喜欢屋内圆截面铺就的地板。小会堂讲台台口的伸缩型踏步实现了，戴复东拍了好几张照片(图 5－4、图 5－5)。室内游泳池材料的吸声效果，据说也还可以。

图 5－4　东湖客舍会议厅

图 5-5 戴复东与吴庐生于 1996 年第一次回访东湖梅岭客舍留影

第六章 蹉跎岁月

校图书馆重新开放，我又有机会接触到国外的书刊。这时，我看到国外航空交通的迅速发展，促使美国和世界上航空港和航站楼比过去有了长足的进步。我感到自己是远远和完全地落后了，于是如饥似渴地吮吸这些新信息，并用图纸徒手将它们抄录下来，又认真地作文字记录。通过在图书馆书库中对世界建筑知识的学习，使我如沐春风，如鱼得水。

——戴复东

与以后年代的人相比，50 年代气氛造就和改造过的人群，多显乐观，少抑郁，承受艰苦和贫穷的心理能力很强，承受不公正待遇的心理能力也很强。戴复东和吴庐生如此投入地工作，身后实际并非无忧无虑。

父亲英名的起起伏伏

因为国民党和共产党经纬分明的对立，新中国成立后，戴复东英雄的父亲戴安澜将军被隔出国家记忆，戴复东也因国民党父亲的关系，一有政治风云，就遭激进分子的质问和歧视。

1952 年，戴复东的妹妹戴藩篱在中国人民志愿军炮兵司令部工作，任文书，司令员是高存信，政委是刘春。他俩都是解放军部队中有文化有知识的将领，1955 年都被授予少将军衔。他们两人都知道大名鼎鼎的戴安澜将军，并对其十分钦佩。戴藩篱参加志愿军，随身携带了《安澜遗集》一书，这本书是父亲牺牲后，国民政府军事委员会桂林办公厅主任李济深主编的，李济深解放后担任全国人大常委会副委员长。司令员和政委看见这本书，对里面的内容很欣赏，刘春政委还让戴藩篱把文集中戴将军写的小说和军事论述抄给他。1955 年戴藩篱复员，临行时，刘春政委对她说："你父亲是抗日牺牲的英雄，你们家应该是革命烈士家属。"受到这番话的鼓励，她回到上海就对大哥说了。戴复东决定向在北京的李济深写信申诉。这件事最后转到民政部，李济深给戴家回了信（图 6－1），并把谢觉哉部长的批复也抄写了一并寄出，中央人民政府终于在 1956 年确认了戴安澜将军的抗日烈士身份。多年来，堵在胸中的闷气一扫而光，戴家上下十分高兴，特别是母亲，备感欣慰。

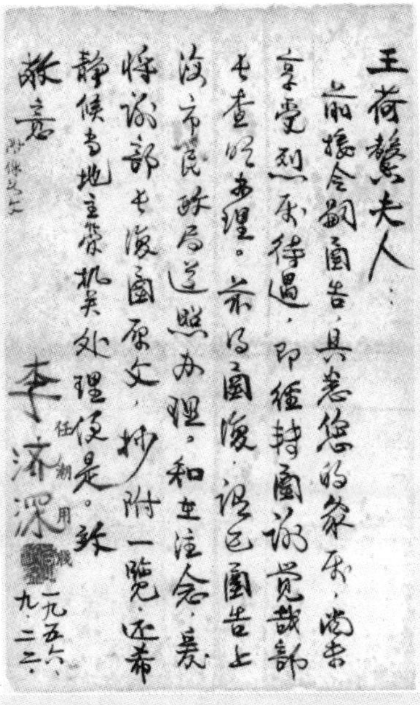
王荷馨夫人：
前据令郎函告，具悉您的家属，尚未享受烈属待遇，即经转函谢觉哉部长查明办理。兹得函复，谓已函告上海市民政局遵照办理。知在注念，兹将谢部长复函原文，抄附一览，还希静候当地主管机关处理便是。致
敬意
附件之文
李济深
一九五六、九、二二

图 6－1　李济深的回信

弟弟和妹妹一个个成家搬了出去，最小的弟弟戴澄东结婚的前一晚上，母亲抑制不住复杂的情感，一个人躲在屋里流泪，哭了一晚上。丈夫牺牲后她带着 4 个孩子，过得是多么艰辛，她仿佛卸下了重担，让多年积压的愁苦和委屈尽情地释放；如今 4 个孩子个个都有出息，并成家立业，她喜极而泣，因为终于完成丈夫的嘱托，把孩子全都培养成才。除大儿子戴复东外，女儿戴藩篱在朝鲜战争中立了三等功，获军功章，回国后在上海华丰毛纺厂工作。另外两个儿子也全都大学毕业。二儿子戴靖东 1962 年上海交通大学毕业，任南京工学院教师。小儿子戴澄东毕业于南京华东水利学院（图 6－2）。

图 6-2 戴复东全家及堂弟妹合照，前左至右吴庐生、儿子戴维平、母亲王荷馨、戴复东

新中国成立后，各行各业一直接受统一的政治导向：今天某一类人是人民的敌人，明天又有另一些人也是人民的敌人，空中始终飘浮着的“阶级斗争”阴云，终于在 1966 年聚成遮住光明的黑云，所谓史无前例的“文化大革命”，摧毁了优秀的中华文化，把国家拖进了地狱。在历史被隔断、被屏蔽环境中长大的年轻人，受到“造反”和“革命”的鼓动，竟像鹰犬一样寻找猎物，把戴复东也列入了斗争的对象，谁让他有个国民党父亲。他们无知又无畏地说：“你父亲算什么烈士？他是国民党的烈士，又不是共产党的烈士！”一天晚上，大弟弟戴靖东正好在哥哥家看望母亲，来了一群“造反派”，要斗戴复东。那种受侮辱而无助的惨烈景象，深深印在他脑海中：“他们把母亲和我赶到一个房间由一个造反派看着，又把我嫂嫂弄到另一个房间派一个人看，把哥哥一个人留在中间房间里进行审问。母亲看到了这一切痛苦不已，负责看着母亲和我的那个造反派要母亲讲讲，母亲痛苦地喃喃说，我们家都是好人哪！我们家都是好人哪！就这样讲了好几遍。”

就在这场劫难中,美国国会 1942 年授权罗斯福总统颁发给戴安澜将军的懋绩勋章以及勋章证书,不知去向了。

母亲的精神受到巨大的打击,从此一直闷闷不乐,再加上长年劳累,疾病缠身,最后由肺气肿引起心力衰竭,于 1971 年 3 月 11 日去世,年仅 64 岁。1974 年 4 月,戴复东兄弟姐妹四人一同把母亲的骨灰安葬在芜湖市小赭山父亲的墓地,让她永远和父亲在一起。

儿子戴维平

戴复东夫妇俩唯一的孩子叫戴维平,1955 年 1 月 15 日出生。他出生后一直由奶奶照顾,因为父母是"工作狂"。吴庐生生孩子那天,中午 12 点还趴在大图板上画武汉长江大桥桥头堡的水墨渲染图,由于临产前兆很明显,婆婆用三轮车将吴庐生急送到妇产科医院,傍晚 6 点钟就进了产房。儿子出生前,吴庐生对肚子里的孩子说:"如果你的鼻子被压扁了,那妈妈就非常对不起你了!"结果维平健康来到人间(图 6-3)。

图 6-3 祖母与长孙戴维平

在舅舅吴世生的印象里,戴维平从小就是一个懂事自制的孩子。6 岁的时候跟舅舅到内蒙去探望小阿姨,一路上非但没有给舅舅添麻烦,小小年纪,还会提醒粗心的舅舅一些事。他在塞外受了风寒发烧,脸烧得通红,也不哭不闹。

1972 年,戴维平在上海市杨浦区鞍山中学初中毕业,被分配在上海华东建筑机械厂工作，因为知识分子当时被贬为“臭老九”，其子女的前途也受到一定牵连，厂里把技术工种都安排给当时所谓“出身好”的青年，维平干的是搬运工。以后又被调往喷砂车间做喷砂工，就是用砂轮打磨一件件铸铁件，车间没有除尘措施，之前已有三个工人得了矽肺病。有一次夜间吴庐生到喷砂车间去探视儿子，只见他一个人打着赤博干活，努力带头完成车间的喷砂任务，很心疼，回来做了一个车间除尘设施方案给厂里，厂里表面应付一下了事。

戴维平做搬运工时，一个勤工俭学的中学生持尖嘴舵轮，失手将他脚趾砸断；他在喷吵车间又险些患上矽肺。后来因父亲到五七干校，母亲就向厂里多方要求调换工作，维平被调到食堂劳动。厂方后来强调要将好铁炼成钢，又派维平配合派出所民警去温州抓“坏人”，维平赤手空拳，还被要求给“坏人”戴手铐，母亲听说后十分担心。

这些看似不顺的环境并没有磨灭维平的意志，他经常一身臭汗干活，却空下来就看书学习，而不像别人那样，抽烟、打牌、吹牛，他渴望有机会能上当时的“七二一”工人大学。

所谓“七二一”工人大学源于1968年7月21日毛泽东回批郑州“二七”车辆厂筹建职工大学的报告，他批示：“理工科大学还要办，要无产阶级政治挂帅，走上海机床厂从工人中培养技术人员的路子，从工人农民当中选拔学生到学校学习几年，再回到生产实践中去。”

维平所在工厂属上海建工系统，1977年9月维平报名参加了本系统的“七二一”大学入学考试，成绩优秀。但厂里强调工作需要，不同意维平去念书，而校方老师坚持择优录取，维平最后终于进了“七二一”大学。他深知学习机会来之不易，在三年脱产学习期间，非常认真刻苦，不仅在很短时间内补习完因“文革”而中断的中学课程，而且在大学的各门课程中成绩均名列班级前茅。戴维平也像父母一样，做什么事都非常认真，每门课的习题簿都有编号，解答井井有条。

1980年9月维平以优异的成绩，通过上海市高等教育局组织的全市统一毕业考试，获得机械设计制造专业大学专科毕业文凭。在华东建筑机械厂工艺科任技术员。他参加一些谈判，经常用自学的英语、日语，与境外厂商争辩，挽回合理的补偿。但最后出头露面、出国参观考察却没有他的份，让母亲感到工厂对年青人只是使用，不懂得培养，也不会培养。

维平立志出国深造。1984年12月，父母倾全家所有，为维平买了一张去美国纽约的飞机票，在虹桥机场将他送上了飞机。

1984至1988年，维平在临时住处秦老先生的指点下，边打工边学习，他从洗碗、跑堂、外卖做起，直到上锅台做厨师。他写信告诉中学班主任何天缘老师说，除了背尸，什么工都打过，只是不愿意告诉父母，怕他们担心。

维平的手很巧，能制作一手很好的建筑模型，纽约电视台采访了他，并播放了一段他制作模型的节目，他也因此结识了不少美国建筑界人士，获得一些模型教学工作（图6－4）。

1988至1992年，维平通过考试，以及国内考试成绩被承认，免修了部分大学课程，进入美国纽约理工学院学习。1992年5月获得美国纽约理工学院建筑学学士毕业证书。

1994年维平经美国建筑师协会会员罗伯特·A.汉特盖斯先生（Robert A. Heintges FAIA）推荐，进了美国波特曼（PORTMAN）设

图 6－4　1986 年戴复东与戴维平在纽约

计事务所亚特兰大总部，从事建筑设计工作，在那里获得了自己的事业，并于 1999 年加入美国籍。

2000 年由于维平工作出色和波特曼设计事务所工作需要，维平被派往上海，任波特曼设计事务所上海办事处国际部副总裁兼项目主任（图 6－5）。由于中美时差关系，维平白天上班，晚上和亚特兰大总部通话，解决工程项目上的各种问题，睡眠时间很少。平时业主、国内设计院、波特曼项目工作组三方面在餐桌上吃饭，他常要担任中翻英、英翻中的角色，协调各方面的合作关系，自己几乎吃不上饭，这样长期生活不规律、睡眠少、吃饭无定时，促使隐性的遗传基因显现出来，终于患了癌症。他一直没有成家，也谈不上有小家庭在生活上的呵护。

维平患病直到确诊得了直肠黏液性腺癌，才在 2007 年 5 月 15 日正式告诉父母，父母如五雷轰顶，万万没有想到外表十分健

图 6-5 1997 年戴维平与父母

康的儿子怎么会得这种不治之症。2007 年 5 月 20 日是同济大学百年校庆,境内外学子纷纷返校庆贺,维平的父母虽强打笑容接待,背地里却以泪洗面,对维平的生命焦虑万分,而维平却沉稳面对。

维平经过三次住院治疗,最长的一次有八个月,进行了大量的生物疗、化疗、放疗。维平坚持边工作边治疗,上班期间,他周末去医院补液,周日清早出院回公寓。父母另请中医配合西医治疗,给他全身皮肤抹药来拔毒,或局部抹药并搓揉帮助静脉输液通畅,并口服中药以减少西药毒副作用。他则主动收集有关癌症资料配合治疗。面对不治之症,他忍受酷刑似的痛苦,多次称自己是一个"斗士",他以乐观的情绪面对人生。然而,在 2009 年 10 月 26 日晚 8 时他终因抢救无效停止了呼吸。他丢下了年迈的父母、看着他成长的长辈以及中外亲朋好友;丢下了他挚爱并为之奋斗的建筑事业,使父母和亲人无限伤痛、无限遗憾……

维平于 54 岁壮年离世,是一个为命运、为知识、为健康奋斗的勇士。在2009年11月7日举行追悼会的一副挽联，道出了大家的心声：上联是“先烈后裔，惜英年早逝”；下联是“建设良材，痛壮志未酬”。白发人送黑发人，父母用倾盆眼泪，痛悼爱子离家远行。

以上这些都是后话。

斗室中的成就

闹腾了几年，1970年11月，同济大学等四所大学获上海市革命委员会批准，直接招收从工农兵中推荐上来的学员，搞开门办学。基础课和专业课不再受重视，一味地强调以社会为课堂，主张教学直接与生产实践结合。原来的建筑设计课被戴上了“封、资、修”的帽子，教研室对教师的要求是，按毛泽东的语录做，“不破不立，破字当头，立也就在其中了”。今天把老的教材内容“破”了，明天就要拿出新的东西来。吴庐生觉得没本事教这门课了，就自愿去做结构课的助教，而这时她的职称已是讲师。她和学生一起听力学和结构课，然后辅导学生做习题。这一过程，对她日后重返设计工作大有裨益，使她对建筑结构也有所把握，并给予戴复东这方面以帮助。

戴复东的母亲1971年走后，家中的房子被注意上了，在住房普遍紧张的年代，戴复东家的房子硬生生又分配进一对老年夫妻加儿子，两家各住两间小房间，厨房、卫生间、小客厅都是合用，拥挤不堪。母亲在世，一切由她老人家当家，戴复东夫妇只知道工作，不谙家务，这下生活变得愈加局促(图6-6)。

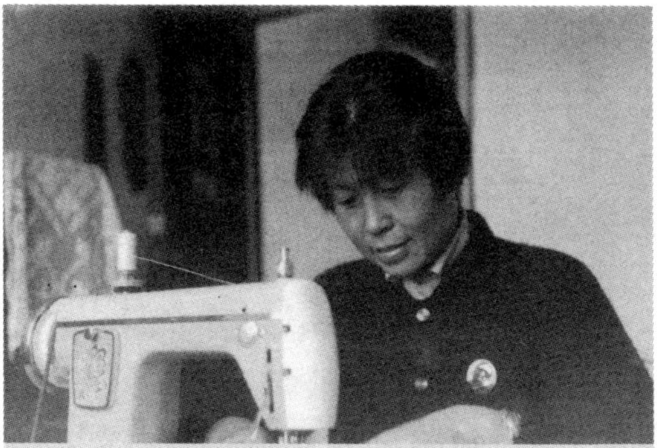

图 6-6　吴庐生在“文革”中学习缝纫

1972 年，吴庐生从系里调到同济大学设计院，戴复东仍在系里从事教学工作，他们在可能的情况下，用心完成教学和设计任务。

1974 年至 1979 年戴复东指导工农兵学员联系实际进行教学，在上海四平路和大连路口设计建造了上海第一幢高层住宅——四平大楼，这在当时是分配给具有相当级别的干部居住的，结构处理相当结实，后来建地铁站要爆破拆除，难度相当大，爆破工程成了上海一大新闻，各媒体都做了重要报道。大楼建造时，外墙首次采用金属大模板施工工艺，使脱模后一次形成竖条子的凹凸墙面，而不采取贴装饰材料的方法，获得成功。戴复东和吴庐生在自己日后设计的建筑上多次采用这一工艺，装饰效果很好，既美观，又节约。当时在建造投资拮据情况下想出的办法，其实很环保(图 6-7)。

整个社会仍打着革命和批判的旗号折腾。夫妇俩回到家里仍旧看书，画图，这里有部分是工作，还有更多是习惯使然，空闲下来，就是看书画图，他们需要以此来充实前途混沌的日子。戴复东常常把工作台子留给吴庐生用，而自己把床当桌子，搬个小板凳坐在床前，他还在这样的条件下画毛泽东的画像(图 6-8、图 6-9)。

图 6-7　刚建好的四平大楼

图 6-8　戴复东坐在床前小板凳工作

图 6-9　吴庐生在戴复东绘制在山墙上的毛泽东画像前留影

"文革"一开始抄家时，红卫兵威逼交出封资修的东西，吴庐生担惊受怕，找人把几书架的图书，特别是外国建筑图书，装了几黄鱼车，送到系里的抄家物资仓库。学校图书馆后来重新开放，但禁闭了很多书籍，不过，戴复东还是找到一些可以看的书，他处于工作饥渴状况，经常沉浸在图书馆里，一进去就是几个小时，在钻研业务也会遭口舌、被质疑钻研的业务姓"资"还是姓"社"的荒唐年代，戴复东这一行为让激进的人看不惯了，背后议论说，戴复东整天躲在阴暗角落，想干什么？

他在图书馆里发现了一些较新的英文版书刊，那些介绍国外建筑特别是航空港的内容引起他的兴趣，国外建筑技术、建筑材料、建筑形态等等发展很快，而中国却关着门搞美其名曰“革命”的窝里斗，大大地落后了。他感到自己也远远落后了，当年还没有复印机，他就边看边抄录，最后动了把这些内容都抄下来的念头，不仅要把文字抄下来，还要把里面的建筑图用描图纸描绘下来。在无聊的人看来，他真是吃饱饭没事干了，而他觉得找到一件有意义的事情可以做，既可以学习新知识，把这些知识翻译成中文，又可以练习绘画技艺。戴复东沉浸在其中找到些许快乐，渐渐地，他仿佛有了一些使命感，一天接一天地坚持抄着，画着，翻译着，这些从未谋面的机场竟然烂熟于他心中。

“文革”后，国内机场建设开始发展，当时资料很少，戴复东的绘画手抄本显得很有价值，1981 年中国建筑工业出版社看后，马上为他出版了。之前从来没有出过国的戴复东，编著的第一本专辑竟然是《国外机场候机楼》。

1983 年，戴复东第一次出国，到美国做访问学者，《国外机场候机楼》成了他进哥伦比亚大学的敲门砖之一，当他第一次看见旧金山机场、芝加哥奥黑尔机场、纽约肯尼迪机场等这些自己笔下曾画过的建筑，禁不住激动起来，就像遇到了久违的老朋友。当然，他也为自己没有机会在这个领域里作一次实践而遗憾。

他结合给学员讲授医院设计课，整理了大量国外医疗新动态、新技术资料，对医院建筑的设计有了很多研究，“文革”后写成了《研究·质量·技术·速度——从国外医院中某些问题所想起的》长篇论文。访问美国后，他也专门寻访了在资料中了解的美国医院建筑。

戴复东和吴庐生为自己寻到了工作的目标，暂时忘却了斗室的局促和室外的萧瑟，反而觉得生活如沐春风，如鱼得水。他们很投入，常常搞到很晚才睡觉，让近在咫尺的邻居相当不满，邻居还向领导反映过他们的不是。邻居特别不满的是，他们在煤气灶上烧开水，常常忘了，几次水潽出来，把煤气火苗浇灭，等邻居闻到气味出来声张了，他们才知道。

从另外一个角度看，即使没有国民党父亲这个因素，戴复东和妻子也未必躲得过"文化大革命"的冲击，且不论他所在的建筑系高度集中的精英人才都是从旧中国以及外国的资本主义社会走来的，带有"原罪"，而且他们所干的工作更容易与"资本主义"对接；单就建筑系在同济的"土木"堆中的总体形象而言，也易遭诟病。与严谨规则、遵章守律的土木工程师相比，建筑师个性张扬，不师古法，立在创新，具有独特的艺术气质，他们的个人意识容易被认为"非无产阶级"化，这样的人原本在政治绝对干扰艺术、干扰个性、干扰设计的一般年代，就容易招惹是非，更何况在疯狂践踏知识和文化的"文革"期间，遭遇更多的不白之冤是有口难辩的，整个建筑系在那时被讥讽为"八国联军"。特别悲哀的是，建筑系学生对老师的"造反"也因其可抓的"辫子"多而勇猛。同济大学第一号造反派头头陈敢峰就是该系三年级的学生，名声响遍上海滩，1969年至1971年还担任了学校第一把手校革命委员会主任，林彪"九一三"事件后受到批判。

同济大学教授、中国工程院院士郑时龄2007年4月18日发表在《文汇报》上的文章说："同济建筑系曾历经艰辛，经历过1957年的反右、1958年的'破建筑系资产阶级顽固堡垒'的第一次'火烧文远楼'、1964年的'设计革命化运动'和第二次'火烧文远楼'，以及更为惨烈的'文革'运动，批判'封、资、修'和'洋、怪、飞'，把建筑系比作资产阶级的大染缸大肆挞伐，致使许多大师的创作生涯没有得到充分展开。等到20世纪80和90年代中国建筑创作的高潮来临之际，许多大师已经失去了最为宝贵的青春和机遇，不能不说是一种令人痛心的遗憾，于国家于民族都是很大的损失。"所谓"文远楼"即当时建筑系所在地，那时岂止大师们失去了宝贵的青春和机遇，戴复东、吴庐生这些小字辈，也在最应该出成绩的35岁至45岁年龄段，岁月蹉跎。

1976年，"文革"终于结束，国家拨乱反正，并开始实行改革开放的政策(图6-10、图6-11)。同济大学的教学、科研、设计也进行一系列整顿、调整、规划，走上了发展的轨道。戴复东被评上了副教授，学校给他分配了新房，虽然总面积不大，但有三间房加厨卫，不用再和别人合住(图6-12)。他自得地在每间房的门上贴上黄颜色条幅，卧室是"壮益室"，意寓和妻子老当益壮；儿子房间是"业勤轩"，意指业精于勤而荒于嬉；书房取名"万斛珠轩"，表明他们对书的珍爱；厕所取名"推陈"；厨房的条幅是："酸甜苦辣咸香臭，汽米油盐酱醋茶"。

图6-10　20世纪70年代末的吴庐生

图 6-11 20 世纪 70 年代末的戴复东

图 6-12 20 世纪 70 年代末吴庐生在家中图板上画图

第七章　访美取经

我有机会获得第一届奖金——2 000 美元。我决定用这笔钱，独身一人乘灰狗长途巴士，夜宿车，昼访市，绕行全美疆土一圈，并访问了近30座城市和广大的美国地区。

——戴复东

我在那里度过了一年多的熟悉他乡、艰苦学习、愉快参观、伴随险阻的难忘岁月。我接触了哥大建筑规划学院研究生的教学和学习活动，撰写了好几篇论文，课余参观了纽约市大部分地区及相当数量的纽约市高层超高层建筑，阅读了一些书籍杂志，购买了少许书刊。此外，有几位朋友邀请我访问了美国中部、西部的十座重要城市，增长了很多知识。

——戴复东

1982 至 1983 年戴复东年过半百，却集中遇到了三件令他高兴的大事，第一件是民革中央在北京人民大会堂台湾厅举行“纪念戴安澜将军殉国 40 周年座谈会”，这是新中国成立后第一次，被蒙上灰尘的父亲英名重现光彩；第二件是同济大学给了戴复东一个到美国去做访问学者的名额，这是他第一次走出国门；第三件是戴复东被确定为第六届全国政协无党派委员，赴北京开会。这表明，国民党的将门之后受到重视，当然，戴复东此时也已具备一定的学术地位，具有一定的成就了（图 7－1）。

图 7－1　1982 年的戴复东

图 7－2　戴复东在纽约写生

一年零四个月的访美进修，是戴复东人生经历的重要环节，也是他建筑思想升华的转折点（图 7－2）。

美国是一个年轻而开放的国家，也是一个国土辽阔、经济蒸蒸日上的国家，它广泛地吸引和吸纳了全世界杰出的设计师，新古典主义、现代主义、后现代主义等各色流派的建筑，特别是外形各异的高层建筑在纽约、芝加哥等大中城市争奇斗艳，从封闭多年的中国走出来的戴复东眼界大开，他如饥似渴地学习一切新知识、新经验、新观念。

缩食买相机

改革开放后，国家公费派遣的访问学者，多为有一定学术成就者，他们多带着修复国家创伤，努力学习先进技术和先进理念的使命感在所在国工作、考察。回国后，也多成为教育科技界的领军人物。访问学者的机遇受人羡慕，早期访问学者头上带有令人羡慕的光环，但他们在异国奋斗的艰苦性却难为他人所体验。

1982年戴复东去美国，选择的是设在纽约的哥伦比亚大学。他从学校图书馆订阅的美国建筑杂志《建筑实录》(*Architectural Record*)、《先进建筑》(*Progressive Architecture*)知道不少关于纽约及其建筑的介绍，觉得自己是学建筑的，应该到纽约这个世界最大的城市去学习，那里有一所1881年创办的哥伦比亚大学(简称哥大)，里面有个建筑与规划学院，可以满足自己学习、工作的目标要求。

这一年戴复东54岁，可以说，戴复东到这时还不是一个富裕的人，中国在这时还是一个很穷的国家，也不能自由兑换美元，中国的访问学者多是口袋空空地到一个生活水准相当高的国家去生活，国家发放的津贴低于所在国平均收入水平，其间的窘迫不言而喻。

戴复东一行一到纽约，先找中国领事馆，并暂住领事馆宿舍，每人领到三个月的津贴。领事馆教育组组长施正铿说，因为在纽约的费用比较大，国家的津贴也较高，每月410美元，但实发390美元，留20美元以备急需时用。刚来美国的戴复东，此时对美元消费还没有概念。

80年代初，即使是从中国最大最先进的上海来到美国，差异的巨大也令戴复东感到震惊，现实看到的建筑比他在图书馆书刊上看到的多得多，也美得多。他强烈地感到，非买一架好的照相机不可，要把眼睛里看到的一切拍下来，带回去，无论是做研究、讲课，还是作为文化交流和传播都需要。在同济大学建筑系,他深受泰斗级摄影界元老金经昌的影响,喜欢上了摄影。金经昌艺名金石声,他经常会就摄影说出一些精辟的道理,戴复东在一旁耳濡目染,深受启发。戴复东除了摄影,还自己放大照片,乐此不疲。不过,受经济条件制约,他一直没有什么好相机。到了纽约,他觉得没有好工具,简直要影响学习了。

戴复东在国内只知道德国的世界名牌相机,一打听,在美国很少,而且价格也贵得吓人。再打听,在市场上占主导地位的是日本相机,有尼康、佳能、奥林巴斯等牌子。这些相机在戴复东眼里,价格也不菲。他在朋友的帮助下进行比较,看中了尼康 FM 型单反相机再配 28mm 尼康 PC 镜头的组合。一问价钱,相机 120 美元,镜头 250 美元,一共 370 美元,快赶上他一个月的津贴了。他反复做了性价比较,算了算手里的钱,发了狠心,决定买下来。这样一来,除了已经花掉的领馆住宿费和差旅费,他手中剩下连两个月的津贴都不到,而三个月的日子还刚刚开头。戴复东想的是,只有在伙食费里挤一挤了,他觉得自己不是饕餮者,也不是美食家,只要基本上有东西吃就可以了。在一段时间里,他吃得很少,很简单。在美国理发很贵,他连头发也不理,披着长长的头发,加上一直在室外活动,皮肤晒得很黑,不少外国人猜他是印尼人、泰国人或马来西亚人。

有了相机,他如获至宝,以后就是用这套相机摄下了在美国所到之处看见的建筑作品,获得宝贵的一手资料。回国后几年里,他还带着相机到了日本、马来西亚、新加坡、法国、德国、奥地利、匈牙利、捷克斯洛伐克、瑞士等国家以及香港、台湾、内地很多省市及边远地区。他说,相机为他的事业发展立下了汗马功劳。

戴复东前半辈子,生活中的困难再多,也没有遇到找不到房子住的事，领事馆的宿舍虽然较便宜，但不是为长住客准备的，他必须尽快另找住处。到纽约后的三个月里，戴复东为了租到价格合适、地理位置合适的房子，费尽周折，他甚至还在几个中国学者合住公寓的厨房挨过一晚。最后，还是哥大建筑规划学院帮忙，把他的“访问学者”身份改为“访问副教授”才可以申请租校内的房子。不过，介绍给他的房子对他来说也不便宜，房租、水电煤加起来一个月要250美元，将近占他津贴的三分之二。院部秘书戴维说，这还算便宜的，有的外国留学生租房要400美元一个月。对院部的帮忙，戴复东除了感谢，表示知足外，觉得一切都由自己承受了，现在既不能再麻烦校方，更不能找人合租，因为这会被外国人看不起，他绝对不能做这样的事。他在这里一直住了将近一年，还以自己的方式度过了远离亲人的春节（图7－3、图7－4）。

图7－3　戴复东在租借的居室

图7－4　1984年春节戴复东做的剪纸

获首次贝聿铭奖学金

戴复东在美国生活得虽然节俭，但是有尊严。尽管有时节衣缩食，尽管曾经居无定所，但没有挫败过他的意志。吃用简朴些，对戴复东不是问题，他勤奋而努力，生活得充实而愉快。

1983年6月16日，他到纽约第二天一早，登上中国领事馆顶层，环顾四面，一幢幢摩天大楼矗起，他被从未见过的城市景观震撼了，职业习惯使然，他立即找来A4的纸，把纽约的全景轮廓线描绘下来，一张接一张，一共7张，横着连成一条长幅。

第一天到哥大，他与学院院长杰姆斯·波歇克教授见了面，递上自己编著的《国外机场候机楼》和"宋平江府城碑图"及他自己写的英文说明，最后又送上了"纽约城市轮廓线图"复印件，想必也只有初来乍到的外国人，对这个城市才会有这番敏感，戴复东出手不凡的徒手画，打动了教授，他拿出一支较粗的黑墨水笔，送给戴复东，鼓励他在美国多多作写生和速写(图7-5)。

图7-5　戴复东对哥大内一座教堂的速写

哥大附近有一个黎明坡教堂(Morning Side Church)，向留学生提供练习口语的服务，只要交5美元报名费，就可以获得免费帮助，这是个接触美国社会的好机会，戴复东参加了，他每周二下午都到一位名叫伊丽莎白·阿尔丝庄(Elizabeth Allstron)的老太太家学习一小时。老太太七十多岁，满头银丝，十分热情。在教堂见面时，戴复东告诉她，自己已经写了一些英文文稿，接下来还要写一些，内容有苏州园林、北京大兴县的太阳能利用、医院建筑设计等等，想与她一起讨论用词和文法，并请她帮助修改，老太太欣然答应。

戴复东与老人及其家人相处十分和谐，每周一小时的辅导，往往都要超时一至两小时，彼此交谈甚欢。老人讲述一些她熟悉的事情和人物，如黎明坡教堂的历史，石油大王洛克菲勒出席教堂落成典礼的有趣细节，以及其他一些美国的事情；戴复东则常常把从国内带来的幻灯片放给老人及她的儿子法兰克(Frank)看，内容有园林、承德避暑山庄、贵州布依族石板建筑等；他的儿子也放映了不少秘鲁印第安古建筑遗迹的幻灯片。大家在一起，都非常开心。美国感恩节到来，母子俩还邀请戴复东参加家庭晚宴，他听老人讲述了感恩节的来历，品尝了火鸡、蒸糕等感恩节传统食品，在普通的美国家庭中，他感受了美国的历史文化习俗。晚宴后，戴复东又放映了苏州园林的幻灯片，他们很感兴趣，节日过得很高兴。老人给戴复东修改文章，非常认真，对戴复东的成绩十分赞赏。这样的日子过了将近一年，临别时，大家都依依不舍(图 7－6)。

图 7－6　戴复东与口语教师伊丽莎白·阿尔丝庄

在美国,戴复东联系到多年甚至几十年未见的校友、老师、老友甚至幼年朋友,他们都给了他很多便利,让他尽可能多地到各地参观和考察美国的高层建筑,以及城市环境和规划。

私人设计师事务所是中国当时闻所未闻的,戴复东上门访问了十多家设计师事务所,其中包括贝聿铭事务所。当戴复东诚恳而谦恭地自我介绍:"我是来自中华人民共和国的同济大学建筑系副教授,这次来美国哥伦比亚大学作访问学者……"素昧平生的美国人包括贝聿铭都热情地接待了他。戴复东从中了解美国不同设计事务所的规模、设计追求、运作情况。

在美国,他勤于考察,勤于交流,勤于思考,勤于笔耕,每一天都没有虚度。1984 年 8 月底至 9 月底,他还干了一件连美国人都很少干过的事情——环游美国。这次行动,和贝聿铭有关(图 7－7)。

图 7－7　戴复东 1986 年第二次访美时与贝聿铭共进茶点

1983 年末,美籍华人建筑大师贝聿铭获得普利兹克奖,该奖项因其权威性和影响力，素有建筑诺贝尔奖之称，每年都由美国总统颁发，并致颁奖词。贝聿铭就是从里根总统手里接受大奖的。这一荣耀在中国广泛流传。第二年初，贝聿铭怀着中华赤子情结，拿出奖金，设立了“在美华人学者奖学金”，每年奖励一名优秀华人学者，凡是在美国的或是世界各地到美国的华人学者都可以申请。

戴复东在美国，除了自己本身对这个被隔绝了几十年的国家充满了新奇、有强烈的求知欲望外，而且时时刻刻想着自己是国家派出的，想着自己的一举一动关乎国家形象，想着要尽可能多地把先进的东西带回国，因此工作学习从不敢有丝毫懈怠。这次，他虽然觉得自己年龄大了些，但还是鼓足勇气递上了申请书，申请中介绍了自己在美国工作学习的收获，还表述，万一能得奖，希望用奖金作环美旅行，对美国的高层建筑和城市规划作进一步考察。当然，他也觉得，天下华人英才多的是，只有一个名额，自己获得的可能性太小了，也没有太在意这件事。

然而，幸运之神眷顾了他。一天，戴复东看见波歇克院长笑眯眯地来找他，只听他说：“恭喜你，获得了贝聿铭先生的奖学金。”然后递来一张 2 000 美元的支票。戴复东高兴和激动的心情，难以形容。这无疑是对他勤勉工作和学习的奖励，也是对他异乎寻常追求的鼓励（图 7－8）。朋友都来向他祝贺，并询问他如何使用这笔奖学金，有人建议他，买几样大件电器带回国，然后把余钱存起来，慢慢用。戴复东对朋友们的热心

图 7－8　戴复东与哥大建筑规划学院院长波歇克教授

和关心表示感谢，但他表示，环美旅行是自己的心愿，且在申请奖学金时已表明，不会改变，另外，也绝不会拿这些钱去买电器大件。

一个人的环美旅行

戴复东依据所了解的美国高层建筑分布的城市，定下环游路线：纽约→费城→匹斯堡→底特律→芝加哥→明尼阿波利斯→西雅图→塔柯马→波特兰→旧金山→洛杉矶→圣迭戈→拉斯维加斯→盐湖城→圣安东尼奥→达拉斯→休斯敦→新奥尔良→奥兰多→迈阿密→杰克逊维尔→亚特兰大→孟菲斯→若阿里→华盛顿，最后回到纽约。他打算，时间允许，他还要第二次出发，路线是纽约→波士顿→奥巴尼→锡拉扣斯→水牛城→印第安纳波利斯→孟西→伯利恒。伯利恒是戴复东的最后一站，那里是美国高层建筑委员会所在地，戴复东不认识任何人，但访问委员会主席本人是他的愿望(图 7－9)。

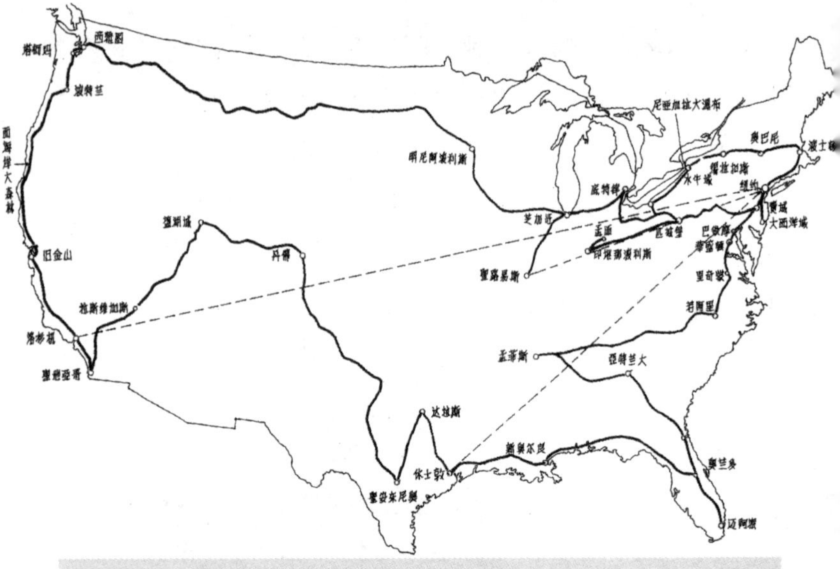

图 7－9　戴复东环游美国路线地图

他之前在美国一年多，也到过十几个城市，但都是有人搭伴或是有人相陪，而这次环美旅行的形式，注定只能是他一个人的旅行了。他旅行的交通工具是美国著名的“灰狗公司”长途公共汽车。他订的票多数是傍晚开车，夜里可以在车上睡觉，第二天清晨到达参观的城市。有时候到得早，他就在候车室挨到天亮；如果在某一城市要多停留一天，他也会在便宜的旅馆住上一宿。美国的汉堡、快餐他早就适应，加上患有糖尿病，他在饮食上一直克俭。

孤身一人，在一个月的时间里作这样的万里之行，光是陌生、孤独和劳顿就足以让人退却，而戴复东不仅成行并且成果丰厚。其中的艰辛和危险虽然只有他一个人扛着，但这少有的人生经历足以让别人钦佩和羡慕，让他自己骄傲和满足。

戴复东大胆但不鲁莽，出发前，他特地先作了一次试运行，搭“灰狗”去了一次他先前去过的华盛顿。他请哥大的院长波尔歇克教授办了一份介绍信，说明他的身份和旅行目的，然后到领事馆作了汇报，再到纽约汽车总站买了联票。

8 月 29 日早晨出发，下午到达华盛顿，他把不用的东西寄存在车站的自助储物柜，打听好准备晚上住宿的学生招待所就在离车站不远地方，就去寻找过去没有参观过的“税收博物馆”。脖子上挂着相机，步行了一刻钟，看到了建筑，他沿着建筑的外围，看到第三个门口站着一名黑人警察，警察客气地向他问好，他也笑了笑回应一句“下午好”，继续走着。在一个坡道上，正往上走着，突然一个黑人双手和双腿都岔开，摆着一个“大”字出现在前面，嘴里还叫着：“哈哈，这对我是个好机会！”戴复东大吃一惊，回身就跑，去找刚刚看到的警察。警察不在了，他不顾一切推门进去，警察在走廊里，问他干什么，他气喘吁吁告诉说：“外面有人要抢我东西！”警察立即拔出左轮枪，子弹“咔哒”一声上了膛，说：“我们去！”那人在原来的路上，吹着口哨，还朝他们看看，走远了。这场惊吓，让戴复东过了好一阵才平静下来，他没有回头放弃，而是继续参观，拍照，直到晚上。吃了点东西，他找到国际学生招待所，在一间有十张双人床的房间里，他爬上了上铺躺下，周围的青年人大声说话，还放着音响，他累极了，很快睡着了。

试运行的遭遇没有动摇戴复东的环游意志，他总结了经验，提高了对安全问题的认识，回纽约后，马上准备第二天正式执行旅行计划。

8 月 31 日，早晨 7 点，“灰狗”带着戴复东向费城出发，开始了他正式的环美之旅。他带了两条长裤，两件短袖，两双短袜，一件夹克，穿一双旅游鞋。一个拎包里放一条床单，以及牙膏牙刷、肥皂、纸张文具等等。另一个背包里放着相机和镜头，还带上了 2000 美元支票。

戴复东，头发留得很长，披到肩膀，脸也晒得很黑，一路上不少美国人误以为他是南亚或东南亚人，他也不置可否。在整个旅途中，他遇到了两次惊吓和一次被查询的意外（图 7－10）。

图 7－10 戴复东在尼亚加拉大瀑布前留影

新奥尔良是路易斯安那州首府，那里有一座20世纪70年代建造的体育场很著名，戴复东要去看。到达新奥尔良是早晨6点，阳光灿烂，他心情愉快。打听了前往市中心的路后，他就沿着一条大道走，街上一个人也看不见，很安静。走着走着，对面的人行道出现几个同方向走的黑衣人，样子怪怪的，不停地扭头朝着戴复东看，他顿时紧张起来。不过，他发现，前面有名警察站着，就放开胆子继续往前走，眼睛瞥瞥那几个人，拐到另一条路去了，心总算放下了。离警察越来越近，他觉得有些不对劲，怎么不见他动一动？再走近一看，原来是一尊雕像，戴复东心中一惊，赶快甩开大步走，后来偶尔看见一两个行人了，心才又放下来。

奥巴尼是美国东北部纽约州首府。石油大王洛克菲勒任州长时，曾捐款建造了一个洛克菲勒中心，很有特点，戴复东要去参观学习（图7-11）。那天他买的票到奥巴尼是半夜12点半，时间很尴尬，他原想照曾经有的经验，在熙熙攘攘的候车室里看看景象，

图7-11 戴复东在纽约州奥巴尼市洛克菲勒中心留影

与旅客谈谈家常，挨个半夜就过去了，却不知，在中央休息大厅里悠闲地坐了才十多分钟，人来人往的喧嚣声消失，四周变得死一样寂静，只剩下自己孤零零一个人，他有些不安起来。这时，他发现一个角落里有两个无业游民样的中年黑人不时地观察他，心立刻吊起来了。

他立即故作镇静地摆弄出太极拳的动作，两个人好像暂时不动了，因为他听说，在美国，盗贼对中国功夫有点惧怕，此时的戴复东度秒如年。他的眼光向周围扫着，扫到车站调度室，里面还有人，他像在茫茫大海中看到一线希望。他一面继续认真地玩着他并不会的"太极拳"，想迷惑两人，一面乘他们张望别处时，背起包向灯光快步走去。在门外，他看着两个人也向自己走近，心里虽然紧张，却不敢贸然惊动里面工作的女士，怕她误认为自己要干坏事，他的心像毛毛虫在爬，十分不安。那两人靠着墙双脚不离地，但脚尖脚跟左右转动，冲着他慢慢靠近，戴复东的心越来越吊起来。几分钟后，已近在眼前了。戴复东见势不妙，只能推门进办公室，伏案工作的女士吓了一跳，立刻站起来说："你是什么人，要干什么?"戴复东向她求助，她怀疑地走出房门，见两人还在，大声呵斥，但两人瞪着她并没有动，女士也有点紧张，大声呼唤"弗兰克！弗兰克！"一名高大健壮的黑人出现，他挥着拳，把两人赶走了。

女士让戴复东仍回到大厅休息，他不敢了，请求女士帮助，把他带到附近的旅馆。

在旅馆，他得到柜台值班经理的允许，在旅馆小门厅的沙发上休息，松弛下来的他很快睡着，直到天亮被叫醒。明媚的阳光把他几小时前的惊恐一扫而光。他又兴致勃勃地往市里走去，这时，大学时画过的古典建筑渲染图景象出现在眼前，他一阵激动，睁大眼睛，前前后后，上上下下，左左右右仔细观察，体会，感到有说不出的舒畅。

戴复东到达的迈阿密，在美国最东南伸出的一个角上，靠着大西洋。在棕榈海滩，戴复东惬意地享受海景风光，也看了许多滨海城市的建筑，一个人边看边在心中点评，有的很欣赏，有的他认为没有组织好环境与风景。沙滩边有很多卖东西的小摊子，戴复东已经很久没有在大量的人群中转悠了，这时也兴趣盎然地到处看看。

忽然，一位穿浅灰色西服、没有打领带的中年男子拍拍他的肩膀，说有些事要和他谈谈。戴复东看他不像坏人，笑着点点头答应了。而那人要求戴复东到几米外的一辆蓝色的小汽车上去谈，戴复东突然意识到，此人不一般，只能而且必须跟他走。上了他的汽车，那人态度和顺地问他是哪国人，叫什么名字，从哪里来，有什么事，还要到哪里去等等。戴复东一一作了回答。那人仔仔细细看了看戴复东的护照、证明，又注视了他的脸看了看，笑着说："谢谢你。"让他走了。

回到人群中，立刻有几个华人、南美人围上来问什么事，戴复东告诉他们了，旁边一个年纪大的华人用中文说："最近有一个头发和胡子很长的华人杀了人，现在到处在抓他。"原来如此，戴复东回到旅馆，在镜子里看到自己，头发一年多没有剪，确实很长。

至诚之心换友情

戴复东一个人旅行的动机和行动，不断为他赢得友情，当他向人求助时，他的旅行动机和旅行成果是最好的媒介和砝码。

9月5日早晨5点半，他到达美国最西北角的大城市西雅图，天下着大雨，把他一天的行程计划全打乱了。他避雨来到威尔斯饭店大堂，一方面利用闲暇等待的时间给妻子吴庐生、儿子戴维平写信；一方面想办法，他想到了同济建筑系李德华教授和罗小未教授夫妇的儿子李若瑜就在西雅图，想请他帮忙，参观一下在南郊塔柯马的圣·约瑟夫妇产科医院，他也是在杂志上知道这家医院的，很有特色。南郊较远，去那里没有车子不行。李若瑜接到电话很高兴地答应了，约好 11 点钟到，来接他。到塔柯马有一个小时左右的车程，戴复东看到了神往已久的医院病房大楼，兴奋地下车，仔细端详、拍照。

戴复东去拉斯维加斯也有朋友帮忙，纽约一个朋友把自己的朋友——国内来的张先生介绍给戴复东，张先生在拉斯维加斯有家公司。戴复东打电话联系，张先生说会来车站接他。“灰狗”半夜 2 点到达拉斯维加斯老城，车站周围一会儿就灯火阑珊，没人了，也没有看见有人来接，孤独的戴复东用旁边的公用电话找张先生，他原来等在新城，说马上到。在这人生地不熟的车站等了足足 20 分钟，让戴复东觉得特别漫长，但一见到张先生，温文尔雅，一口标准北京话，心中立刻热和起来。善解人意的张先生，带着他索性在老城新城都转一圈，火树银花、霓虹遍布的拉斯维加斯景象让戴复东大开眼界，惊叹不已。张先生最后把他安置在自己办公室里，让他安稳地睡了一个好觉。

戴复东的大学老师刘光华和夫人龙希玉住在美国中东部印第安纳州的曼西市，刘光华为戴复东进哥大做访问学者，写了重要推荐信，他要去拜访老师。途经印第安纳波利斯市，那里有一组戴复东感兴趣的建筑——生命保险学院，他要去参观。

清晨“灰狗”到达，他向旅游参观信息中心，告知了自己的身份和旅行的目的，并打听生命保险学院在哪里，几名女工作人员耸耸肩膀，相互看看，表情愕然；戴复东要了一张白纸，把建筑形态画了出来，她们一看，其中一名说，她知道这组建筑在哪里，不过公共汽车班次很少，交通不方便。戴复东听了很沮丧，叹了口气，也耸耸肩膀，准备表示感谢后离开。想不到的是，这名女士说，："你不要灰心，我开车送你去。"戴复东大喜过望，连连说："给您带来麻烦了，我很抱歉。"

一会儿，她开着一辆敞篷车过来，戴复东还是第一次乘坐这种车，上了车，风驰电掣，把他的长发吹得乱蓬蓬，他心中非常快乐。到达目的地，戴复东一眼看到了过去在《建筑实录》刊登的建筑实物，非常满意，那名女士则一直耐心地等待在一旁，任由戴复东观察和拍照。

戴复东旅行的最后一站是伯利恒市，他来到这里，不是要参观而是要拜访里海大学(Lehigh University)的一位教授——美国高层建筑与居住委员会(Council on Tall Buildings and Urban Habitat)主席毕勒(Beedle)教授。

戴复东不认识毕勒教授，事先也无法和他联系，走到他办公室门口，心里七上八下的，怕他不在，白跑一趟。敲了敲门，里面说"Come in"，戴复东高兴地开门进去。毕勒教授在，60多岁，头发斑白，皮肤白皙，微笑着向来者点点头。戴复东作了一番自我介绍，扼要讲述了环美旅行的情况，毕勒教授边听边露出开心和惊讶的神态。当戴复东说："我这次来，是向您学习的。"他笑眯眯地说："我要能像你一样在美国跑那么多地方就好了！"戴复东笑了，说："您还是有很多机会的，因为您是美国人！"说完，两个人都开心地笑了。

毕勒教授邀请戴复东今后参加美国高层建筑委员会组织的世界性会议，并送了两本新加坡国际会议的文件。戴复东提着两本重重的、内容丰富的书，圆满地完成了他的环美之旅。

除了考察学习，戴复东也做了将中国传统的庭园落户在美国的尝试。他结识了一个住在纽约斯塔腾岛的来自台湾的设计师张定一，大家相谈甚欢。张先生邀请他，旅行回来后，到家里来，帮助设计一个中国式的庭园，戴复东欣然答应，还邀上了同样在美国访问的大学同学钟训正。构思讨论后，不到两天的时间，戴复东就勾画出了庭园规划与建筑图，定名为退思山庄(图 7-12)。

图 7-12　戴复东绘制的退思山庄效果图

任务完成后，他要回国了，张先生询问他，还想参加些什么活动，戴复东表示没有时间观赏到美国红叶很遗憾。张先生说，可以安排，他高兴极了。他原以为，10 月中旬，观赏红叶的时间还未到，想不到的是，美国有好多地方种植枫树，各个地方枫叶变红的时间有先有后，人们可以观赏红叶的期限很长。原来，在 30 年代，美国经济大萧条，罗斯福总统搞全国绿化工程，既解决劳工失业，又绿化国土。美国北部以枫树为主，当时专家们提出，最好各地种植的枫树品种叶子变红的时间有差异，以延长美国红叶的可观赏期，结果，做成功了。这种把人工智慧用于自然环境的做法给戴复东留下很深印象，给了他很大启发。

美国政府重制父亲勋章

戴复东访美之前，父亲戴安澜将军的英魂在大陆重新被祭奠，但是令人痛心的是，1942年美国总统罗斯福建议国会授予戴安澜的一枚勋章在“文革”中遗失。戴复东整个家族希望他到美国之后，想办法得到一张这枚勋章的照片，如果可能的话，最好搞到美国政府授勋的文件复印件。这对戴复东来说是一项重大而意义深远的任务，难度也不小。时间一天天过去，到美国已经3个多月了，他很着急，该到哪里去要照片呢？而且他也记不清勋章的准确名称。最后，他想，索性给里根总统写一封信，把情况说明，碰碰运气看。里根总统会理睬吗？戴复东在怀疑、顾虑、犹豫中还是把信写好寄出去了。当他把信封上写着华盛顿特区、白宫、里根总统收的信小心翼翼地投入蓝色的邮筒后，心里放下了沉重的负担，松了一口气，觉得也算给家族有一个交待了，只是希望这信不要被人随便扔掉。慢慢的，他把这件事淡忘了。

有一天下午3点左右，戴复东从纽约洛克菲勒中心参观回来，在校门口遇到学院秘书戴维·欣科，他对戴复东说“你有一封挂号信”，并且说，是美国陆军部来的。戴复东大吃一惊，百思不得其解。来到院部办公室，从女职员莎拉手里接过一个沉甸甸的大号信件，戴复东心里还有点忐忑不安。拆开信封，里面一叠东西，面上信笺的标识是“美国陆军部”，下面是“美国陆军人事中心”。信的内容是：“谢谢你9月20日写给里根总统的有关您父亲死后授勋的信，您会理解我们政府的最高领导不可能亲自处理写给他的信……因此由我回答您的询问……”

然后，回信人告诉戴复东，他父亲被授予的勋章是军团功勋勋章(武官级)(Ligen of Merit——official),他寄来了节录的授勋文件复印件,因无法再得到原来签署人员的签字,所以做了一个替代授勋奖状。回信人还说,已经关照美国陆军支持活动的司令,直接重铸该勋章,30天内可以收到。

真是天大的喜事,戴复东心中狂喜,把喜信给课堂里上设计课的赫尔岱格教授以及学生们看,他们都为他高兴并向他祝福,这封信成了这一天设计课的小插曲。

十天左右,美国陆军支持活动组织寄来了重新铸造的勋章,背后镌刻着戴安澜的名号。戴复东激动不已,给勋章拍了照,还填了一首词:

《忆秦娥》

先父以生命与鲜血赢得代表中美两国人民友谊之"军团功勋勋章——武官级"失而复得,感慨系之。

千般撼,宝章不翼肠愁断。肠愁断,魂萦梦绕,暮思朝盼。

"功勋"再铸光华艳,斯人惠我酬衷愿。酬衷愿,时空纵阻,友谊长灿。

戴复东立即写信回家,把美国陆军部的信、自己拍的照片以及填的词都寄回家,让家人分享。这件事被国内来的一个叫谢珊的女士知道了,她采访了戴复东,写了一篇报道,标题就是《忆秦娥》最后两句"时空纵阻,友谊长灿",刊登在1984年2月9日的纽约《华侨日报》上,一起刊登的还有新中国政府授予家属的烈属证,1983年台湾重版的《安澜遗集》封面,1976年9月30日台湾邮局发行的、包括戴安澜在内的"抗日英烈"邮票,以及戴复东的《忆秦娥》词。在异国他乡,看到华侨同胞的报纸刊登勋章的失而复得一事以及父亲的英雄事迹,戴复东不免心怀感激,感慨万分,泪满衣襟。

第八章　初为领导

1985 年在担任系主任期间，我深感过去建筑设计初步课名称不妥，要求不明，内容不全。我做过学生，也曾这样学习过，也走过弯路，因此，我将这门课的名称改为“建筑设计基础课”，将它的课时改为两年，并将整个建筑学学制改为五年，又提出了“一支三干”的观点。一干即建筑设计基础课，三支是指建筑、城规和园林三个专业的建筑设计专业课，这样在建筑设计上和教学体系上作了较大的改革。

——戴复东

前文介绍过，同济大学建筑系是一个群龙聚首，群峰并立的单位，历届系主任，副系主任都是由业界博学多才的重量级人物担任，方能掌控风云。1984 年 10 月从美国访问求知回来的戴复东，成了接班的生力军。这一年他已经 56 岁，历史给了他 5 年做领导者的经历。

在中国的体制下，高校已然演变成小社会，院系也不单纯，领导者的事务很杂，要处理的人事问题不简单，做一个院系领导者很不容易受赞誉。戴复东在管理经验方面绝对是缺门，以后也没有什么锦囊妙计，三头六臂。他做系主任的资本是他多年积累的业务能力，美国经历注入的新活力以及改革开放给予的新动力（图 8－1）。

图 8－1　1986 年的戴复东

访美回来，他不仅带回了美国教授、设计师送的资料，带回了在美国写作或翻译的文稿，带回了几千张美国高层建筑及城市景观的正、负照片，还带回了建筑为人服务、建筑与环境不可分割、建筑要抓住民族的“根”等清晰的理念。他离开中国短短的一年零四个月，国家的经济发展以及改革开放继续向前，出现了许多喜人景象，戴复东对增加专业设置，对建设国家实验室，对引入计算机辅助设计新技能等等都有全新的思考。他从 1985 年起，担任建筑系主任；1986 年担任新组建的建筑与城市规划学院副院长，1988 年任院长，这使他有了一个平台，可以在教学、科研、设计方面做一些探索和追求。几十年来，逐步提升的中国建筑学教育阶梯，其中有一层，可以说，包含着戴复东的良苦用心。

建筑系的教学改革

20 世纪 50 年代中期，冯纪忠担任同济大学建筑系主任。他是一个致力于教学改革的人，一直在探索如何在中国的现状下，采用怎样的方式方法，才能让培养出的学生既有扎实的建筑学知识和技能，又富于对建筑形象的创造能力。他在教学上提出“放—收—放—收”的模式，即所谓“花瓶式教学”。这一模式的主要精神在于：教师在教学中要鼓励学生打破常规，培养他们不断创造新颖建筑形象的思维；同时，又要训练他们科学严谨态度，对待建筑的功能、建筑的技术、建筑的经济不掉以轻心。这一模式要求在教学过程中正确处理放和收的辩证关系，达到活与严的统一。

对于如何有效地提高学生的实际设计能力，一直是冯纪忠思考和探索的问题。到了 20 世纪 60 年代初中期，他创造性地提出了“以建筑空间为纲”的教学体系。以往的教学，都是按照建筑功能类型来安排建筑设计教学的，学生的思维容易被固有的类型所束缚。新的教学体系，是把不同功能类型以空间形式进行归类，然后以空间归类后的共性来组织建筑设计教学。这套体系切实可行，效果很好，学生学会将理性思考和感性创造有机结合，设计能力明显提高。

在“文革”后的 70 年代末，冯纪忠离开系主任位置 10 年后又重新回来上任。建筑系着重对低年级教学进行改革。在基础教学中引入了“形态构成”训练，试图通过对形态的抽象分析，让学生把握理性处理建筑造型的方法。这在当时属于创造性的尝试。尝试过这项举措的学生，到了高年级，都有良好的表现。

戴复东担任系主任后，也开始着手把不尽合理的东西进行改革。一直以来，建筑系的学生都要上一门名为“建筑设计初步”的课程，戴复东上大学时也学过，但是后来他感到，这门课程的名称不妥，要求不明，内容不全，自己过去学习这门课还因此走过弯路。于是，他领导教师讨论研究，把这门课的名称改为“建筑设计基础”，并把课时由一年延长到两年，强调了这门课程在学生前期学习中的重要地位，整个建筑学的学制也由四年改为五年。戴复东明确提出了“一干三支”的观点，也就是以建筑设计基础为“一干”，以建筑、城市规划、园林三个专业课程为“三支”，在建筑设计上和教学体系上作了较大改革。

80年代，顺应世界潮流，环境观影响到中国建筑学专业的教学思想。戴复东从美国回来，更是受到很深的影响。

在哥伦比亚大学，戴复东和学生一起听了几门课程，参加有关的设计学习，也按要求根据题目做了一套设计。他对哥大建筑与规划学院的办学理念十分关注，对该院波歇克院长撰写的《学院的哲学与目的》一文中关于“建筑、规划等学科要研究和探讨的问题是人与环境的问题”这点特别受启发。该文提出：“建筑与规划学院是由五个相互独立但又相互合作的学位专业组合而成。集中在各学位教育培训的课程是针对一个大问题的范畴：人及环境的不同方面。五个学位的学习在一个单一的学院中，能使不同实体的理解进入到环境的创造之中，并保持各实体的相互独立和依存。”所谓五个学位专业是指建筑学、城市规划、风景园林、室内设计和工业造型设计。这五个专业打造了人生存和生活的环境，每一个专业都要培养专门人才，大到城市、区域，小到单体建筑、室内空间，设计师都要时时关注“人与环境”关系。

戴复东回国期间，同济大学校长是江景波，他是当时高校中推动改革的风云人物。此时，戴复东好比良将遇明君，两人对于把建筑系扩展为建筑与城市规划学院一拍即合，戴复东更是努力去实施。国内高校中第一个建筑与城市规划学院建立了。除了原有的建筑学、城市规划、风景园林三个专业外，增设了室内设计和工业造型设计两个专业，还筹划建立环境艺术专业，这些专业涵盖了不同范畴和尺度的人与环境的关系，提升了和加强了师生们的新理念，即建筑设计不仅要重视空间，更应重视与生命相依附的环境。新建立的同济大学建筑与城市规划学院致力于全方位地培养专业人才，使专业的教学评估体系，中国与先进国家接上轨。

戴复东在美国已看到，各种设计已进入计算机时代。利用AutoCAD和3DSMAX等软件，可以在计算机上又快又好地作图，可以画出逼真的建筑三维效果图，计算机还可以完成人脑子里想得出，却很难用人工画笔表现的图像和图形。对于这种革命性的设计制图技术，戴复东当然想要努力引进，他一要在本科生中开展计算机辅助设计的课程教学，二要建立城市规划国家重点实验室，用先进的计算机技术提高规划研究和规划教学的水平。在当时，计算机的硬件和设计软件都非常昂贵，中国还没有加入世贸组织，采购计算机及相关产品常受限制，而国外计算机产品的更新很快，往往通过层层报批申购的产品设备，货到已经落后了；再加上当时中国计算机技术起步不久，人才奇缺，戴复东要干这项工作，困难重重，但工作在他手里还是开了头，引进了人才，搭起了框架。后来，因年龄关系，他只得从行政岗位上退下来，让接任者继续完成。

如今，中国的设计界已全部实现了微机化，并紧跟软硬件及技术进步的步伐，戴复东和吴庐生晚年旺盛的设计创作均得益于这项技术的支持。

设计建造新院馆

作为同济建筑系象征的文远楼建成于20世纪50年代中期，由才华卓越，英年早逝的教师黄毓麟设计。当时分管学校基建工作的副校长夏坚白教授是我国天文测量学的先驱，他建议，以古代伟大天文家、数学家祖冲之的字“文远”命名。文远楼采用了当时校园建筑很少用的钢筋混凝土结构，布局紧凑，大小空间组合得体，起伏合适而又匀称，是典型的包豪斯风格，成为上海市受保护的优秀现代主义建筑。

1985年，学校决定在文远楼北面给建筑系建造一个新的教学馆，因经费问题，新馆分1987年和1997年两期建成。第一期时，建筑系是系建制，第二期时，系已发展为学院。戴复东是主设计者，建筑系众多教师的聪明才智也凝聚于此。建筑的基地面积不大，投资经费也很少，但这是戴复东美国归来的第一次重要设计，也是他为“自己”的第一次设计。他积累的丰富营养，开始显成效；基本可以自己做主的平台，拓展了他的创作空间，最终建成的新馆，其创新特色引人注目。

从外形看，它不再拘泥于教学建筑方方正正的直线型，美丽的弧线首次在校园出现。它的外墙铺贴了由铁屑与陶土烧制而成的面砖，这是一种废物利用的新材料，符合戴复东一贯不追求奢华的理念，暗红的墙体全然不同于常见的砖砌建筑或水泥涂料建筑，别具一格。

从内部看，完全不同于以往教室加办公室加实验室加会议室……的教学建筑的空间组合模式，布置了多处利于师生交流沟通、并赏心悦目的空间环境：有宽敞的进厅；有放着座椅可以座谈的开敞式接待室；有竹影婆娑、藤牵蔓爬的内庭院落；有可以举办小型画展的开敞式多功能交流厅。更让人眼睛一亮的是大阶梯构成的中庭，这个空间如同许多大酒店客房环绕的中心共享空间，只是做成阶梯状，既可以开报告会，又可以随意落座休憩交流，天棚则是透明的夹丝玻璃。2007 年 5 月 14 日，同济大学百年校庆前，温家宝总理在这里即兴演讲，朗诵了后来流传甚广的《仰望星空》诗句，两边楼层的走廊层层叠叠挤满了学生，与总理互动。从建筑设计的角度说，该空间成功组织了人际交流的动人场景。教学楼固有的空间构造在这里全然不见，是一个改变一新的环境。

从室内装饰看，公共空间的灯具布置，摒弃了单纯用于照明的观念，恰如其分地使其成为美化环境的元素。其中特别出彩的布置有三处，也可谓共享空间中的三个景点：一是钟庭，二是刻字石壁，三是双睛图(图 8－2)。

图 8－2 大同芳名钟及兼收并蓄字壁

钟庭放置的大铜钟，听取了系里贾瑞云教授的倡议，由教师捐款铸造，钟上镌刻了建筑系至建筑城规学院以来 45 年间 460 名教职员工的芳名，命名为大同芳名钟，意蕴学术观点兼收并蓄，求得大同。其无分高低，老少无欺的列名法，表现了重视每一个人的先进理念。系里的古建筑专家路秉杰教授按唐朝的形制完成了钟的设计。“钟庭”两字，由 96 岁的中国第一代建筑师陈植书写。旁边还镌刻了记录钟

图 8-3 钟庭自上往下看

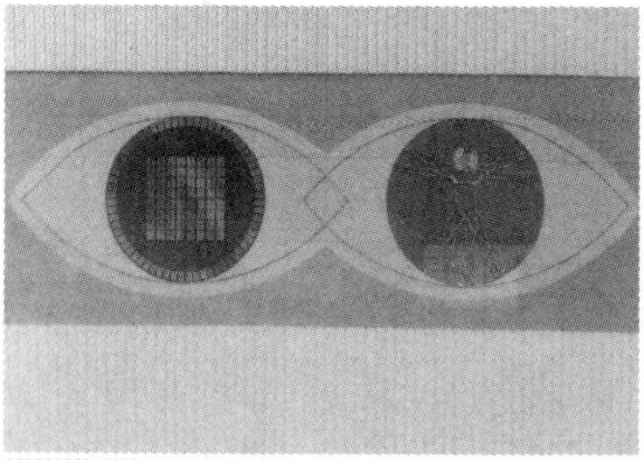

图 8-4 双睛图壁饰

庭建设的“钟庭记”，颇有中国传统建筑文化的风范。

大同芳名钟对面竖着一面深灰绿色的石壁，上面的刻字创造性地选用了历代的大书法家王羲之、米芾、永智和尚、孙过庭等四位的作品上的一个字，组成意味深长的“兼收并蓄”(图 8-3)。

在大阶梯顶端的墙面上，戴复东和系里的黄英杰副教授一起赠送了一幅壁饰，画面由戴复东设计，用地砖贴饰。主题是两只相连的眼睛，一只圆形黑眼珠，上面用金属条镶嵌了方形的六十四卦爻图，代表东方人的思维方式；另一只蓝眼珠，上面也用金属条镶嵌，图形是达・芬奇著名的人体形象图，代表西方人的思维方法(图 8-4)。旁边还刻着四句话：“东方重理，西方重人，交融互渗，文化昌兴。”这四句话，既是戴复东多年建筑思想的凝聚，也是他对同济建筑城规学院发展的愿望和预祝。

戴复东设计的新馆，已超出了一般的学习工作功能，它是学院师生们的精神家园，走进这样有情有景、匠心别具的空间，谁能怀疑，这里的设计师和未来设计师是最棒的。

独立的建筑思想

戴复东积多年教学和设计实践经验，加上在美国的学习和熏陶，他独立的建筑思想成熟了。1986年，他提出了“建筑（广义）中的全面环境观”具体表述如下：

第一，自然环境、人为环境（人工与半人工环境）并重，自然应当有机地渗入人为环境中；而自然环境中应体现人的智慧。所谓自然环境中体现人的智慧，戴复东举的最生动的例子就是前文记述过的，他在美国看红枫叶的事例。戴复东在回国前想观赏美国红叶，以为时机未到，看不到了，而朋友告诉他，美国的枫树林变红的期限是错开的，此处不红彼处红，所以，观赏期是靠人工智慧延长的。戴复东对这点感触很深。

第二，宏观、中观、微观环境并重，应很好重视微观环境，因为这是人们生活接触时间最长最直接的环境。所谓微观环境，也可以简化为室内环境。长期以来，国内对这个微观环境的处理是由建筑设计师来完成的，并没有把它当做独立的专业来研究，而实际上，这里有许多影响人的生理和心理的学问要研究。戴复东说，正是基于这一思想，他担任系主任时，就委托系里的来增祥和王曾纬建立室内设计专业和工业设计专业。90年代中后期开始，室内装饰设计对所有的公共建筑和私人商品住房都不可或缺，室内设计师成了最吃香的职业。追根溯源，戴复东无意中成了这个职业火爆的推手。

第三，宏观、中观、微观的各种环境（包括自然的与人工的）要在内涵和装置上力争做到相互尊重与匹配。戴复东定义的这“三观”环境，内涵分别为：

宏观环境：国土规划、区域规划、城市及乡镇规划、部分城镇规划、风景区规划……

中观环境：建筑物单体或群体、部分城镇设计、风景设计、公园设计、广场及绿地设计……

微观环境：室内环境设计、室外环境设计、工业造型设计……

如果说，戴复东在80年代前也有环境意识，但是不明确、不清晰，自发、感性的成分多。比如他设计上海交通大学教工宿舍，想到了夏天的通风降温；设计杭州西湖边的华侨饭店，想到了要妥善解决观景与遮阳避暑的矛盾；设计武汉东湖客舍，想到了房子可借地形建造，维护原有的环境，等等。80年代中期，美国回来后，他的环境观确立了，他所设计的同济大学建筑城规学院院馆就是鲜明的例子，它营造了让人轻松惬意交流沟通的环境氛围。以这幢建筑为先例，同济大学在以后的发展中，有更多的教学楼步其后尘，但它仍然是值得称道的一幢。

在发达的美国转了一圈，戴复东真心地欣赏美国的先进之处，但他没有迷失自我，他更明白了自己要怎样做(图8-5)。于是，一个理念、也是信念在他心中确立，他不止一次地在著作、在报告中表示："我有两只手，一只要紧紧抓住世界上先进的事物，使得我不落后；另一只手要紧紧抓住我们土地上有生命的东西，使得我有

图8-5　戴复东1987年在新疆吐鲁番交河故城参观考察

根。有条件时或创造条件,将两只手上的东西有机地结合起来。”戴复东的确是按照自己的理念和信念在做,仍以建筑城规学院院馆为例,该建筑充满了对人的关心和关注,充满了民族文化气息。

其中,有受到美国建筑理念影响的成分。戴复东在纽约了解到,投资商建高层建筑,想多获取一些利益,总想在增加一些面积,在高度上突破规划部门的限制。规划部门允许突破,但要求对城市的市民有所补偿。于是,建筑物的底层被设计成向公众开放的公共活动空间,让公众可以自由进出大楼底层,冬天有暖气,夏天有冷气。他走进 IBM 公司总部,底层就是一个面积很大、种了竹丛的大厅。他回国后专门写了介绍美国高层建筑的文章,其中把这种办法称为“用地而不占地”。

其中,也有挖掘出中国建筑文化精华的手笔。建筑物中间的庭院,安置着唐朝形制铜钟的钟庭以及石刻说明,镌刻着古代著名书法家字体的石壁,有古代六十四卦卦爻图案的壁饰等,无一不与中国的根相连,建筑内部散发出他国所不会有的中国风味。

1987 年,上海要建文化艺术中心,地址在卢湾区原文化广场,西德 WEIDLPLAN 公司一再邀请戴复东合作参加国际设计竞赛,他知道外国人有利用中国技术力量之意,终因情不可却,组织了部分青年教师和他的研究生参加。设计中他坚持要尊重和根据中国和上海的情况,没有唯洋人是好,甚至与德国设计师经常发生激烈争论。经过两轮的竞争,最终战胜对手加拿大的方案,获得第一名。这个方案也融进了戴复东的环境观:文化艺术中心不是被隔离的孤岛,而是城市环境的有机体,因此要与周围的环境有机协调,并将周围环境引入。不过,这个“第一名”最终没有被甲方采用。

在戴复东的职业生涯中，就国内的项目参加国际设计竞赛，有四次获得一等奖或第一名，有一次与妻子吴庐生合作获得二等奖（一等奖空缺），但最终都没有被实施。不光戴复东和吴庐生有这样的遭遇，同济大学其他设计师、甚至设计院都有这样的遭遇。社会上一般认为，同济的老师做方案是一级的，但配合施工不行，大学老师终究是老师，和社会上的设计院不同。

到了晚年，戴复东与吴庐生共同总结，他俩相助相协，一辈子探索和实践的是因地制宜，不铺张，不浪费，普材精用，低材高用，由此设计出宜人的建筑和建筑环境。他们的所有作品和成绩都凝聚了这一理念，他们并把这一理念向自己的学生和下属灌输。他们的思想和理念是"同济学派"的有机组成部分(图 8－6)。

图 8－6　同济大学建筑与城市规划学院历任部分党政领导与校党委书记周家伦合影，自左起吴志强、俞李妹、王伯伟、戴复东、冯纪忠、周家伦、李德华、陶松龄、陈秉钊、鲍桂兰、刘云

第九章　收获年华

虽说我在上个世纪十年“文革”年代没有完全荒废，但那时正是我36至46岁事业上的最佳年龄，理论上、实践上都有了一些，身体健康，头脑清晰，大形势是整个国家建设停滞不前，个人也无法伸展。改革开放以来，建设事业突飞猛进，新的社会条件使我的设计生涯进入一个崭新阶段。正如一位先生告诫我：目前你不要杞人忧天，急也没用，等形势一变，不怕没有发挥处。

——吴庐生

1983年国家教委公布高校首批博士点，同济大学建筑设计与理论专业是其中之一，这是全国高校同专业的首个博士点，冯纪忠被批准为博士生导师。1989年，戴复东被增补为博士生导师。这一年，他61岁。第二年，按学校的人事规定，他从院长的位置上退下。不再担任行政工作，使他有了较多的时间花在带研究生、建筑设计实践和科学研究上。在他以后的二十年里，不是常规人生舞台的谢幕，他与妻子携手并进，建筑创作活动进入高潮，取得的成绩，达到人生的巅峰(图9-1、图9-2)。

图9-1　戴复东过70岁生日，与夫人吴庐生接受鲜花、蛋糕

图9-2　1999年戴复东与台湾籍博士毕业生郑明仁君以及当时的副校长周箴

再创校园佳作

同济大学有一所甲级建筑设计院，既是一个教学实习基地，也是一个承担设计任务的单位。设计院编制人员加上建筑城规学院的教师，具有国家一级注册建筑设计师职业资格的人有数十名之

多。同济大学校园从50年代的一片空白开始建设，以后又不断推陈出新，建筑式样和风格的多样性，在各高校中很是突出，这些建筑均出自同济设计师之手。如果追寻一下设计师或主设计师，可以发现，有6幢重要的建筑由戴复东、吴庐生夫妇单独或合作设计。这些建筑是50年代建造的南北中心教学楼，50年代和70年代分别建造的静力与动力结构试验室，80年代建造的计算中心，80年代和90年代分期建造的建筑城规学院教学楼，90年代初建造的邵逸夫科学苑（简称逸夫楼），90年代后期建造的研究生院大楼（亦称瑞安楼）。能在设计师云集的校园里留下6件作品[①]，同济无人可比。

戴复东、吴庐生夫妇60岁以后的作品，设计思想和设计技巧都达到了一个相当的高度，作品中透出他们非同一般的追求。在这段时期，戴复东提出了“三T”的概念，也就是Thinking——构思和立意；Technique——技巧和方法；Taste——情趣和品位。他认为，设计师接到任务时，都要考虑构思和立意是否新颖、新鲜；技巧和方法是否精致、精巧；格调和品位是否高雅、高尚。吴庐生对优秀建筑的评判标准是：表里基本一致，不矫揉造作，不故弄玄虚，手法简洁，层次分明，当前不算“新”，过时不嫌“老”，经得起时间考验，富时代感，但又有中国韵味。他们在自己的设计中遵循了这些思想和标准。

中国大江南北的许多大学、中学、小学建有“逸夫楼”，同济大学也有一幢，这是由香港电影大王、邵氏影业的创始人邵逸夫先生

① 同济大学校园内由戴复东、吴庐生设计的作品有6件：1954—1956年，教学中心大楼（南北楼）；1956年、1979年，静力与动力结构试验室；1983年，计算中心；1987年、1997年，建筑与城市规划学院；1993年，逸夫楼；2000年，瑞安楼。

捐款建造的建筑物。1993 年建成的同济逸夫楼，是吴庐生的作品。建成后，获得一系列奖项。首先获得邵逸夫第五批大陆赠款项目工程一等奖第一名。随后又获得国家教委、建设部优秀设计一等奖；上海市优秀设计二等奖，建筑专业一等奖；全国优秀设计银质奖（图 9－3）。

图 9－3 逸夫楼外观

这些光亮的奖项背后是吴庐生作为中国设计师曾经经受过的艰难和辛苦。《时代建筑》刊物副主编支文军在逸夫楼建成功后采访吴庐生，问她："您认为同济逸夫楼最难处理的问题是什么？"她回答："最难处理的是钱少、面积小、要求高。"她面临的问题是学校对建筑物的使用功能期望值很高，而面积又不能随意扩大，而且投资款少，要达到预想中的使用功能难度很大。困难归困难，吴庐生只能自己化解，她精心设计，采用"小中见大，一厅多用"的空间布置手法，来满足功能的需求；她亲自督工，与当年施工中普遍的粗制滥造、粗枝大叶作斗争。学校方为了节省费用，选用的施工队是乙级资质，没有做过高标准的工程，吴庐生在现场格外费心思。施工期间，她背着两包图纸到现场，一包是自己的，一包是施工方的，她不断地给他们讲解图纸，避免因不合格返工，但有一次还是出了问题。她设计的柱子，可以精准地用一张整材正好包住，想不到柱子做粗了，包起来缝隙很大，她要求返工，而工程方嫌麻烦，想敷衍过去，吴庐生气急交加，说：“不返工，我就撞死在这里！”大家都领教了这位老太太的厉害（图 9-4）。

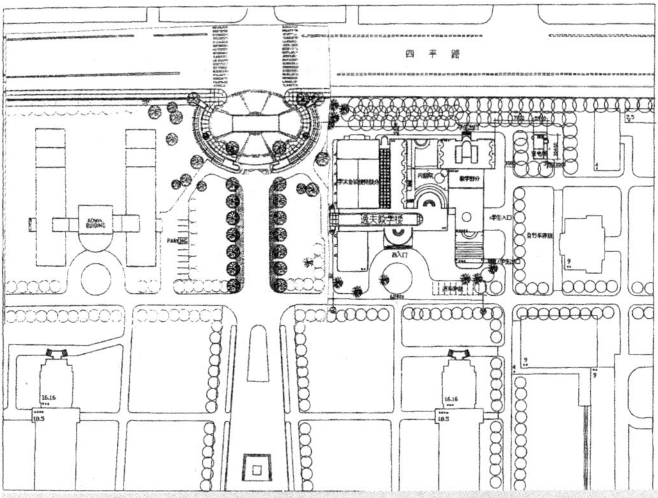

图 9-4 逸夫楼平面图

逸夫楼是她的心血之作，她发挥他们夫妇俩擅长的“低材高用，普材精用”的用材方法，亲自指导工人做省钱而装饰效果好的水泥拉条墙面；亲自寻找符合设想中的图案和色彩而又便宜的墙纸；亲自到灯具市场挑选价廉物美的灯具；由陈行教授设计的花岗石壁画——“阴阳协调，国泰民康”气派很大，却完全是利用废料拼成的。

她在工地上忙碌，不慎摔伤过背脊，这种拼命三郎的作风，让年轻人自叹不如，而她的背后，少不了戴复东的有力支持。

同济的逸夫楼，确实不同凡响。一进去是一个南北走向的完整中庭，有楼梯，有水池，有汉白玉浮雕，有花岗石壁饰等，令人赏心悦目。东西向大报告厅外的疏散走道，被巧妙地设计成又一个中庭，并创造性地呈阶梯状，除了派作疏散人流用外，平时还可以派作休闲小憩用。一边壁龛挂有不锈钢浮雕，一边阶梯旁设有小花坛，竖着球形灯具，种着小花绿草，整幢楼宇创造了校园建筑少有的精致和艺术感(图 9－5)。建成后，受到校内外、业内外的普遍赞誉。不明就里的德国宝马公司经理对陪同的戴复东说，这肯定是一名年轻的外国设计师设计的。真小看了中国的设计师。

图 9－5　吴庐生(左一)与外国友人在逸夫楼侧中庭

建逸夫楼，邵逸夫捐款500万港币，楼建成的总面积是6 800平方米。最后，包括全部室内外景观，室内装修装饰，固定桌椅和雕塑，一共花费了1 658万人民币。用这点钱，做出这样的效果，懂行的人一看就明白：真是匠心独运，高难度的节约型工程啊！

2008年1月12日网站“香巴拉会客室”采访戴吴二位，就逸夫楼问到二位，为何在当年就能考虑到环保节能问题，戴复东回答：“这和建筑师本人有很大的关系，虽然她的父母都是从国外回来的留学生，但抗日战争时期生活非常艰苦。如何在艰苦的条件下把日子过得好一些，成了我们人生中的重要信念。我们都希望少花钱，多办事，所以，在怎样让甲方少花钱就把事情办好这一点上都非常有心得。”

该楼环境优雅舒适，大中小报告厅以及办公室出借率高，经济效益也很高。施工队则通过该项工程的调教，施工水平也提高不少。

有了逸夫楼的成功例子，待到1997年要建同济大学研究生院大楼时，当时的校长吴启迪把吴庐生请去，给有关人员做报告，讲一讲逸夫楼如何花钱少，效果好，影响大的。原来，香港企业家罗康瑞先生向同济大学资助了一笔钱，学校准备用来建造研究生院大楼，这在全国高校中是第一次为研究生院建大楼，但有不少反对意见，怕投资缺口大，影响学校经济状况。也不知吴庐生的介绍是否起作用，学校最后通过了建造大楼的意见，大楼命名为“瑞安楼”。当时学校内部也有其他竞争者，但设计任务交给了戴复东，吴庐生是合作者之一。大家都知道他俩是“拼命三郎”，大家都知道他俩出手不凡，大家还知道：他俩最会省钱（图9-6）。

图 9-6　同济大学研究生院瑞安楼门厅春华秋实壁画

乡土建筑见匠心

20 世纪最后一个十年，是中国经济起飞的十年，也是建筑师开始大施拳脚的十年，此时戴复东和吴庐生这两把宝刀非但不老，还愈磨愈锋利，他们所钟爱的事业真正遇到了好时光。十年中，除了同济的校园建筑，戴复东在山东曲阜和荣成、北京、河北遵化、浙江绍兴、广西南宁、福建厦门等地做了十多个不同类型的项目（图 9-7）。在这段时期，他几十年酝酿成的设计思想更加鲜明，表达得也更形象，即：现代骨，传统魂，自然衣。检验他的作品，可以看出，无论作品大小，投资多少，他都是既在设计中对这一思想进行了演绎，又以最后的成果对这一思想做了夯实，使每一件作品都经得起细细品味，经得起时间考验。

图9-7　1997年戴复东在自己设计的遵化市国际酒店前

艺术界常有“只有小演员，没有小角色”的说法，对于建筑作品也是如此，赖特的流水别墅、柯布西耶的朗香教堂这些小建筑也可以成为大师们的传世之作。戴复东关于“骨、魂、衣”相融和的思想，在对乡土建筑的挖掘中，表现得淋漓尽致。

1990年，戴复东设计的山东荣成市桑沟湾北斗山庄建成，山庄的性质是旅游建筑。当地人见了，觉得既眼熟，又新奇。山庄建筑的外观，貌似当地的乡土建筑——海草石屋，同样用当地的大块乱石垒墙，用当地的海草盖屋顶。仔细看，屋子和院落的内外造型都是精心设计过的，除淳朴清新之外还透着一股雅致（图9-8）。

原来，在胶东半岛沿海，当地居民一直沿袭先人的建房材料和方法，建造海草石屋。石屋的墙体采用当地上厚下薄的形态，形成很陡的坡度，便于排水，形象上给人以厚实、纯朴又亲切的感觉。一次，戴复东开会到这里考察，远远望去，海岸边，山坡上，密密麻

图 9-8 北斗山庄的海草石屋

麻、层层叠叠都是这种独特的民居，很是惊奇。打听下来，盖屋顶的海草有四大优点，一是完全就地取材；二是有冬暖夏凉的效果；三是可以用上几十年甚至上百年不烂；四是防火阻燃。

天下竟然有这么好的建筑材料，如果误以为"寒酸"，最终被舍弃将是非常可惜的，戴复东心中涌起了要化腐朽为神奇的冲动。

不久，他正好有机会到胶东半岛东侧的荣成市去，与市委书记和市长都见了面，他乘机建议，让市里试着建造一幢海草石屋做接待用，并画了设计方案图。总算说动了几位市领导，他们觉得建议不错，研究后决定，不是试一幢，而是选择在一个可以看到大海的高台地上搞个宾馆区，造七幢。

戴复东太高兴了，立即着手设计，他把七套建筑布置好，建委主任一看说，像是北斗七星，于是取了个好听的名字——北斗山庄。设计中戴复东总结了三条需遵循的原则：一是屋面墙体构造上，遵其法，不废其制；二是平面空间布局上，用其材，不囿其围；三是内外造型观感上，像其形，更重其神(图9-9)。

图9-9 戴复东与海草石屋的建筑工匠合影

在几十年的实践中，戴复东对建筑与文学的联系做过分析研究。他认为在建筑界面上赋予巧妙构思的文字，可以渲染氛围，为建筑物所处的环境丰富情趣，增强人的感受。在中国传统建筑中用得最多的是匾额和楹联。要使海草石屋“野”中透“雅”，其中一个手法就是用文学来牵线。他请陈植老先生手书“北斗山庄”四个大字，又请了唐璞、张开济、徐尚志、冯纪忠、吴良镛、严星华等大家和名师为七套建筑一一题名：天枢居、天璇居、天权居、天玑居、玉衡居、开阳居、瑶光居。如此一来，平添一份文人气息，再加上室内装饰和园林种植，海草石屋彻底改变了人们对它的原有认识，它不再是外人印象中的“破草房”，而是很有价值、很具地方特色的民居珍宝。有韩国代表团和台湾地区的代表团见到北斗山庄，分别提出以10万美金和15万美金的价格购买其中一幢，着实让当地人受惊不小。《人民日报》海外版对北斗山庄的建筑也做了专门介绍。

1992年，戴复东担任了北京中华民族园规划的总执笔，这是一个以民族民间建筑为园内硬件的游乐园，要原汁原味地按1∶1的比例建造30多个民族建筑群。戴复东把海草石屋也推出，让这件民居瑰宝走出了胶州半岛，来到首都，让更多的人认识和了解它（图 9－10）。

图 9－10　北京中华民族园里的布依族石板建筑

戴复东一直对乡土建筑蕴含的独特魅力带有慧眼，常人不屑一顾的一些破旧民居，他能发现美感，并用对待海草石屋的态度去对待它，在这一过程中，他保护和传播了优秀的民族建筑文化。

他青少年时代在贵阳花溪生活了 7 年，对那里布依族的石板建筑有很深的印象，很喜欢。那是用当地盛产的水成岩石灰石材建造的房子，块状石材垒屋，片状石材盖顶。20 世纪 80 年代初，他深入布依族聚居地区调查研究，回来写了《石头与人——贵州岩石建筑》一书；1987 年又为贵州红枫湖风景区做过布依寨规划和建筑设计。那时当地因经济调整，最后这个项目没有做，而戴复东心里总也没有放下这个结。

北京中华民族园的建设给了他机会，他亲自动手设计了一段布依寨的街，他的设计既是源于生活的再创作，也是“现代骨，传统魂，自然衣”的有机结合。他自己画了规划和建筑的施工图纸，又请来布依族的木工师傅和石工师傅，他们在理解了戴复东的图纸后，完成了节点大样图。戴复东承认，如果不是两位师傅的帮助，自己画节点图还真有点困难呢。

想来，布依族群众造房子是不会去画什么图纸的，图纸就在他们心中。而他们特有的民族建筑工艺技术因戴复东，留下了图纸，可以更长远地传承。

在现代建筑形式大规模铺开的今天，民族的、传统的建筑技艺无可避免地受到挤压；而当社会的有识之士开始关注地球的可持续发展时，往往发现在民族的、传统的技艺里包含着合理又科学的养料，需要继承和发扬；同时，民族的、传统的技艺是一种非物质文化遗产，是先人们发展民族智慧的结晶，应该得到传承。戴复东在过去的建筑设计中，有心地做了这方面的努力和尝试。

春华秋实夕阳美

1999 年，在北京召开第 21 届国际建筑师协会代表大会和 20 届世界建筑师大会，戴复东和吴庐生为迎接大会，将自己的工作成绩做了一个小结，由中国建筑工业出版社出版了《当代中国建筑师——戴复东　吴庐生》，由同济大学出版社出版了《追求·探索——戴复东的建筑创作印记》。戴复东从业后参加国际国内设计竞赛，获一等奖 4 项；主持设计大型建筑规划工程 50 多项，他重视先进技术与本土有生命力的传统技艺相结合，除了前文介绍的，富于特色的设计还有曲阜市后作街、绍兴市震元堂大厦、遵化市国际饭店等；出版专著 7 本，译著《中庭建筑》1 本；发表论文 105 篇，有《欲与天公试比高——高层建筑的现状与未来》、《柔秀纯活、水乡江南》、《建筑与文学》等；国外讲学 4 次，参加国际会议 10 次，宣读论文 8 篇；培养博士生 44 名，硕士生 35 名，直至 2010 年，82 岁高龄，还带有 2 名博士生；参加国家大剧院、上海大剧院、上海东方明珠电视塔、首都机场等等 30 多项国家重大工程的评审工作。

中国从 1978 年开始走向改革开放，以后的 30 多年里，戴复东从国内到国外，足迹遍布美国、日本、马来西亚、新加坡、法国、德国、奥地利、匈牙利、捷克斯洛伐克、瑞士等国家，香港、台湾等很多省市及边远地区。他游走四方，进行访问和考察，设计思想获得极大的提升，他在探索设计宜人的建筑和建筑环境方面，达到炉火纯青的境界。

吴庐生当然也毫不逊色。她 1972 年至 2000 年，都在同济大学建筑设计研究院的第一线工作，设计成果丰硕。她致力于将业主、设计、施工三方面拧成一股绳，是设计和施工现场的一员干将，她力争要将自己经手的每一项工程都向优质工程迈进。她先后负责过多种工程的建筑设计，共完成了 58 项，其中有国内资金投资项目，也有国外资金投资项目；还设计了好几处高层建筑。根据建筑的功能及用途，可以分宾馆酒店、高层办公楼、现代文化教育建筑、体育建筑、实验室建筑、纪念性建筑六大类。工程获市、部、国家奖 12 次，最高获国家银质奖。她参加设计竞赛获奖 7 次，工程设计征集方案投标中选 7 次，5 项建成。她指导硕士研究生 13 名，均以现代化文教建筑为题，直接为高校建设服务；培养青年建筑师及工程人员 8 名，后均为各院校的骨干。她也善于总结，独立撰写论文 12

篇，合写8篇。她的《电子计算机房发展的新趋势——人机分离》、《大球上楼，节约用地》文章，被西部开发部门评为特等奖。她说，做一个工程丢一个，不研究，不提高，也就谈不上将经验传给后人了（图9-11）。

图9-11　1988年吴庐生获上海市"三八红旗手"称号

从建筑设计项目角度说，戴复东和吴庐生两个人是不分开的，他们对各自负责的项目都会相互关心，相互提建议，有些项目是两人一起设计完成的，最后无论是署谁的名字，实质上都是你中有我，我中有你，包括编写、翻译著作也是如此，相互配合，相当密切。戴复东在宏观把握上和文学修养、徒手绘画方面占优势，吴庐生则对工程技术和计算更熟稔，在结构和材料方面也有更多把握，对色彩的细分很有直感，并且能直接指导和调教施工人员。戴复东作过一首题为《自话》的打油诗记述和描述了两人互帮互衬的情景：

以沫相濡数十年，同甘共苦命根连。
喜嗔叨号寻常事，皆为今生寓宿缘。

埋头设计费思量，精益求精意味长。
如痴如醉凡伉俪，其中真趣共亲尝。

伏案图文昼又宵，关心相助细凿雕。
构思时顺时相左，妙意来时气顿消。

细作勤耕不计年，他人谓苦我犹甜。

神州锦绣凝眸处，一束山花可嫣然？

纵观他们俩几十年的卓越成就：1999 年中国工程院接受戴复东为工程院院士，这一年，他 71 岁。2004 年建设部批准吴庐生为中国工程设计大师，这一年，她 74 岁（图 9－12、图 9－13）。

图 9－12 1999 年戴复东和吴庐生在自己设计的新居

图 9－13 2000 年戴复东评上中国工程院院士后摄影

图 9－14　1998 年戴复东、吴庐生在审核《当代中国建筑师——戴复东　吴庐生》书稿

图 9－15　2002 年戴复东、吴庐生在台湾日月潭畔

第十章　追求无尽

我对建筑理论流行的风格、流派的态度是博采众长，不盲目抄袭某派，不拘一格地虚心学习。

建筑师除本身业务精良外，尚需善于合作，使业主、设计、施工三股力量扭成一股绳，向优良工程目标迈进。

——吴庐生的建筑观

建筑师是为人类创造高层次、高格调、高品位生存生活环境的人，既应当是空间与活动的组织者，又应当是艺术家，需要有对人、对自然的深厚博大爱心，为艺术的激情。

——戴复东的建筑观

戴复东和吴庐生像两盆炭火，绵长地释放着热量。年轻时，他们都在一个系，虽然在不同的教研室，但经常一起合作参加国内国外的设计竞赛，如武汉长江大桥桥头堡、波兰华沙人民英雄纪念碑、古巴人民英雄纪念物等。获全国设计竞赛第一名的杭州华侨饭店，戴复东署名，吴庐生也帮了忙。他们还一起合作做了好些设计项目，如同济大学中心教学楼、武汉东湖梅岭工程等，“文革”期间，因此被人指责为“夫妻老婆店”，这在当时，绝对是骂名。1972 年以后，他们一个留在建筑系，一个调到设计院，虽然分开工作，但仍会在业务上互相出主意，相互帮衬。70 岁以后，戴复东和吴庐生真正在一起合作了，他们共同主持同济大学高新技术设计研究所（简称高新所）工作，分别担任所内全部建筑工程的工程负责人和建筑审核，并主持设计，他们是真正的实际操作者，而非“顾问顾问”而已。所内有设计人员和工作人员近 30 名，工种齐全，核心工作内容是戴吴二人的专长——建筑工程设计。戴复东在美国拜访过十多家建筑设计事务所，在晚年，学校给他提供了这样一个相类似的机构，让他操作，担任所长。该机构同时还是研究生实践的基地（图 10－1）。

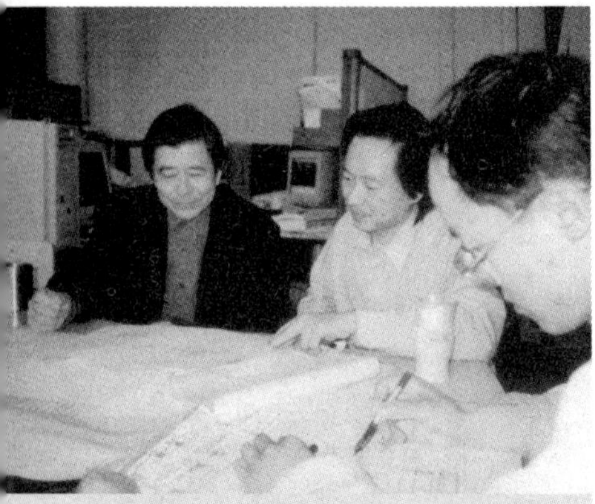

图 10－1　2000 年戴复东与博士生研讨设计项目

做经营管理者

1992 年，被称为中国改革开放的总设计师邓小平，为“市场经济”正名；1994 年，中共十四大正式确立市场经济在中国的地位。

建筑设计单位也和其他企业一样，成为向市场找饭吃的单位，自负盈亏。近二十年来，因国家城市建设的投资加大，建筑工程如雨后春笋，建筑设计单位的业务很多，是一个很被看好的行业。高新所原来是戴复东1998年为开展新型轻钢结构建筑研究而创立的，是同济大学规划与建筑设计研究院分属的非法人机构。创办这一年，他70岁，两年后，吴庐生也70岁，两人共同掌门，开始了他们的创业历程（图10－2）。

图10－2 2006年吴庐生在办公室

高新所自主经营、自负盈亏。对他俩来说，不光是做业务，还要找业务、接业务；不光是自己有事干，还要让所里的设计人员和工作人员有活儿干，要向他们发工资、分奖金。撇开他俩的专长、老本行——建筑设计，他们承担的重要职责是经营管理，还真是70岁学吹打。

按照建筑市场的规则，建筑工程应该通过招投标来确定设计方和建设方，而中国的市场，常常还有其他潜规则，掺进了或政治，或利益，或人情的因素，有时让戴复东很无奈。他在2008年一次“上海原创建筑设计高峰论坛”上做专题讲座，讲到设计中考虑“事、情、理”的关系问题，最后有人问道：“建筑师怎么才能拿到一个任务呢?”他回答：“建筑师拿到任务是很困难、很艰苦的，难度太大太大了，如果拿不到工程项目，什么事，什么情，什么理都没有了；如果能拿到任务，就是另一个领域里的事了。对于这个方面，我的确是一个笨人，讲不出办法来，经常是干瞪眼，所以，我以后要多多向有经验的人学习。”前文记叙过，戴复东所做的建筑设计方案曾经四次获得一等奖或第一名，但最终都没有获得设计任务。平时投标，花费很多精力做方案和标书，并不能如愿以偿。

戴复东讲以上这些话的时候，已经80岁了，实际上，他俩凭着声望，凭着人脉，凭着实力，凭着劲头，十年来创下的业绩委实令人诧异。

在他们领导下，高新所向近60项工程发起“进攻”，其中有别墅区、普通居住区、工业建筑、广场建筑、学校建筑、综合建筑、办公建筑、文体建筑、医院建筑、旅馆建筑、商业建筑、公路服务区、度假村、纪念性建筑，其中有两项为上海市和杭州市重大工程，可以看出，他们涉足的项目范围比过去更加广泛了。这其中，他们实际接手和完成的设计任务有40项之多。

他俩是校园中有名的工作狂，2004年吴庐生获得中国工程设计大师时，《同济报》记者采访时问到他们拼命工作的问题，吴庐生回答：“我们的敬业精神和工作狂，常为世人不理解，过去我夜晚出校门时，时常听到门卫好心劝我：‘老太太该休息休息啦，回家抱抱孙子，还扒分干什么？’我只能一笑了之。”这里所谓扒分，就是上海俗话挣钱的意思。

在旁人看来，确实不解，戴复东的糖尿病在升级，要每天打胰岛素，吴庐生右腿因缺钙，而行走不便，他们何以要在古稀以上的年龄，把精力和精神不辞辛劳地、不停歇地用在费神伤脑而又责任重大的事情上呢？

在同济大学高新技术设计研究所，戴复东可以高屋建瓴，指导做出相当好的方案设计图。吴庐生不仅懂设计，还懂结构，懂材料，她对建筑材料产地、厂家、价格的精通，被年轻人称为“活字典”；她还懂施工，从总指挥到工程师，到工人，都相信和服帖她的经验和眼力。

但是，除了专长和精通的事项，他们还被一大堆并不擅长的琐事缠绕着。工地上，施工方不时有偷工减料的事出现，让他们很生气，他们也知道，始作俑者是投资方或承包方对施工方压价压得太厉害。高新所内，手下的年轻人，包括自己的学生，在理念、观念、信念或为人行事方面和他们有冲突，有时冲突还很厉害，甚至闹到打官司。

不过，总的来说，他们在这里学到了很多东西，享受学习经营管理的过程，体验这种自己找任务、自己谈合同、自己定设计费和分配奖金以及收集图书资料、填报各种图表等活动的过程。大多数与他们有同样资历的人，不一定会有这种全新的学习过程和感受，他们在晚年却得到了，这对他们来说，是一种不可多得的人生经历。他们从中体验到学习的快乐和长见识、长经验的快乐。活到老，学到老是很多智者的追求，不同的人会有不同的方式，他们的方式是其中的一种。

当然，他们也享受亲手做的一件件作品面市、获得赞誉的时刻。

21 世纪的作品

跨入 21 世纪，中国城市的面貌日新月异，建筑的形体和形态也插上了设计师想象的翅膀。建筑艺术形象的发展，又带来了建筑结构和建筑材料的进步。在长江后浪推前浪的自然法则下，戴复东和吴庐生两位高龄设计师也在与时俱进。在别的方面，他们会有老年人的固执和偏执，但在建筑领域，他们没有固步自封，没有原地踏步，没有无奈地观望着新世纪的建筑形态与自己渐行渐远。相反，他们融入了新世纪，很好地站在高新所的平台，承接到比过去更大的项目，他们更加自由地放开手脚，对建筑的整体和细节做出比过去更大胆的构思，不仅超越了自己，在业内也独树一帜。

2002 年，上海市闵行七宝地区建成了一组引人注目的建筑，这是中国残疾人体育艺术培训基地，名字叫"诺宝中心"。它是中国残疾人联合会在国内建设的第一所旨在对残疾人进行国家级体育、艺术培训的全国性基地，是上海市重点工程。占地面积43 532平方米。建筑物沿漕宝路展开布置，建造有游泳池、球类馆、文艺排练场等若干功能场馆及一幢七层公寓楼。建筑面积为21 412平方米，其中体育场馆 8 038 平方米，文艺排练场 1 868 平方米，公寓 5 299 平方米，培训业务用房 968 平方米，管理、附属用房 5 239 平方米(图 10 - 3)。

图 10-3　中国残疾人体育艺术培训基地——诺宝中心，三大一高建筑一字排开

在现代社会，对残疾人的关爱程度，是社会文明程度的标尺。建造残疾人体育艺术培训基地是过去从未有人做过的事，有许多

非常规的要求。中国残疾人联合会在全国寻求了好几家设计单位,最后找到戴复东。

为残疾人设计,是个难题。残疾人联合会的相关负责人带着戴复东、吴庐生等设计人员去观看残疾人艺术团演出,他们被演出者惊人的毅力和精湛的艺术所打动,个个泪流满面,深深感到残疾人应该得到全社会的尊重和爱护,他们都决心要把诺宝中心建成残疾人的殿堂。为此,他们费尽了心思,在设计中体现了三大突破。

第一,公寓楼的设计。平面类似“8”字形,中庭是两个圆形,电梯设在中间两个圆形交接处,楼层走廊因此成为环形,电梯采用观光式的透明玻璃。这一空间造型是两人冥思苦想,最终是吴庐生的创意,是特地为方便招呼失聪人而想出来的。因为,培训中心的领队和教练提出,走在一般的旅馆走廊里招呼队员,与失聪队员联系很不方便,他们根本听不见呼叫的声音,要招呼他们,最好让他们比较容易看见别人的肢体语言。现在,设计了环形走廊和观光电梯,教练、队员相互容易看得见,用肢体语言招呼也方便多了(图 10-4)。

图 10-4 诺宝中心双环公寓楼

第二,消防通道设计。这里的消防通道是两道大坡道,很宽,坡陡度适当,这样宽和长的坡道在国内其他类型建筑中绝无仅有。坡道是为方便坐轮椅者使用的，它的另一个功效是，可以让其他人平时用做爬坡的体育锻炼，一举两用。

第三，游泳馆设计。从平面上看，是一个长方形；从立体看，宛如花篮状。他俩这样的设计，既是为了不重复自己的过去，也是为了节能。游泳馆是一个耗能较大的空间，要想节能，一个办法是缩小空间，但泳池泳道长度宽度要保证，高度也不能太低，否则会感到压抑。长、宽、高都不动，空间又怎么缩得了？结果，戴复东想出一个办法，就是把长方体，沿着长轴方向，斜切两刀，把上面两个角切掉，最后再把整个形体圆滑化，做成卧地的抛物线状，实现了功能、节能和形态的完美结合。两块斜切后的平面，全部采用钢结构支撑杆件加玻璃，成为泳池的采光处（图 10－5）。

图 10－5 诺宝中心游泳馆内景

值得一提的是，所用的钢杆材料结合了两种性能，耐火又耐锈，这在全世界都找不到。美国只生产耐火钢，日本则只生产耐候钢，也就是不易锈蚀的钢。戴复东专门找武汉钢铁公司研制出既耐火又耐候的钢材，诺宝中心游泳馆做到用材上的首创。

有了这个诺宝中心工程的成功经验，戴复东和吴庐生接下来在承接的武钢技术中心科技大厦系统工程中，设计了一幢全部采用耐火耐候钢结构的建筑，这是他们在材料创新上的又一尝试。

戴复东对这一作品的形象和特点做了诗意一般的概括：长拱双环姿柔顺，便聋节能貌非常。

在世纪之交，国内许多著名大学在城市的郊区划地建造新校区，动辄投资几十亿元，把校园建设得像园林一样漂亮。且不论坊间对此有太过奢华的异议，而就建筑规划与设计而言，确有大手笔，大制作，不同凡响。戴复东和吴庐生领导高新所设计建造的浙江大学紫金港新校区中心组团，就属于一件令人惊艳的大作品，可谓他们的登峰之作。

偌大的新校区，中心组团建筑位于水泊中的小岛，两座体量颇大却不显突兀的建筑由透明的筒状长廊连接，奇美的造型无疑是校区中最瞩目的地标(图 10－6)。

图 10－6 浙江大学紫金港校区中心岛建筑群鸟瞰

戴复东首次运用了具象的手法，将建筑形体巧妙地显示为一对白鹭的身影，给人以新奇。天然的湖水映入两座建筑美丽的倒影，可以让人遐想联翩，无怪乎，浙大的人说，这是全国最美的校园(图10-7、图10-8)。

图10-7　中心岛建筑水上倒影

图10-8　2005年戴复东、吴庐生在办公室中心岛模型前合影

戴复东对此又有诗样的总结："湖上往来双白鹭，波平俯仰两琼宫。"

从20世纪二三十年代开始，中国有了自己的设计师队伍，活跃在中国的城市建设中。特别是近三十多年来，中国成为世界上新建建筑最多的国家，至今，建造热潮还未见顶，当今中国有设计师资格的人也许数以万计，或许更多，从以往到现今，不知道有几个像戴复东和吴庐生这样，在建筑设计的路上走得这么长远，而且到高龄还继续高产、优产呢？

附录 A 戴复东、吴庐生获奖作品

序号	获奖项目	获奖内容	获奖人
1	1957 年杭州华侨旅馆全国设计竞赛	一等奖	戴复东
2	1957 年波兰华沙英雄纪念物	二、三号方案获方案购买奖	戴复东、吴庐生
3	1980 年中小型影剧院全国设计竞赛	佳作奖	戴复东、吴庐生
4	1982 年广州国际贸易综合中心全国设计竞赛	优良奖(最高奖)	戴复东、吴庐生
5	1983 年同济大学计算中心	1986 年上海市优秀设计二等奖 1987 年全国教育建筑优秀设计二等奖	吴庐生
6	1984—1989 年山东胜利油田孤岛镇规划与设计	规划一等奖	戴复东等
7	1987 年上海文化艺术中心国际设计竞赛	第一名	戴复东
8	1987 年上海天马大酒家	1988 年上海市优秀设计二等奖 1989 年国家教委优秀设计二等奖	吴庐生、戴复东
9	1993 年同济大学逸夫楼	邵逸夫第五批大陆赠款项目工程一等奖第一名 1994 年上海市优秀设计二等奖(建筑专业一等奖) 1995 年国家教委优秀建筑设计一等奖 1995 年建设部优秀建筑设计一等奖 全国第七届优秀设计银质奖	吴庐生
10	1994 年兰州大学逸夫文科楼	1994 年国家教委邵氏工程二等奖	吴庐生

续 表

序号	获奖项目	获奖内容	获奖人
11	1995 年福州元洪大厦	1996 年福州市人民政府十佳建筑 1997 年上海市优秀工程设计二等奖	吴庐生
12	1995 年广西人民大会堂全国邀请设计竞赛	一等奖	戴复东
13	1996 年厦门“丽心梦幻乐园”全国邀请设计竞赛	一等奖	戴复东
14	1996 年上海创业城国际设计竞赛	二等奖(无一等奖)	戴复东、吴庐生
15	1998 年同济大学建筑与城市规划学院院馆	1998 年教育部优秀设计二等奖	戴复东
16	2000 年同济大学研究生院大楼	2001 年教育部优秀设计一等奖 建设部优秀建筑设计二等奖	戴复东
17	2002 年中国残疾人体育艺术培训中心	上海市建筑学会“第一届优秀建筑创造奖”优秀奖第一名	戴复东、吴庐生
18	2003 年浙江大学紫金港校区中心岛建筑群	2008 年上海市建筑学会第二届创作奖佳作奖 2007 年教育部优秀建筑设计二等奖 2008 年度全国优秀工程勘察设计二等奖	戴复东、吴庐生
19	武钢技术中心科技大厦系统工程	2007 年度上海市优秀工程设计二等奖	戴复东、吴庐生
20	南宁昆仑关战役旧址博物馆	2009 年上海市第三届建筑学会建筑创作优秀奖	戴复东、吴庐生

参考文献

[1] 东靖篱澄. 永远的怀念——纪念戴安澜将军[M]. 江苏：凤凰出版传媒集团，江苏人民出版社，2007.

[2] 江苏省政协文史资料委员会. 壮烈辉煌——纪念民族英雄戴安澜将军诞辰九十周年[J]//江苏文史资料，1994，66.

[3] 杨秉德，蔡萌. 中国近代建筑史话[M]. 北京：机械工业出版社，2004.

[4] 《当代中国建筑师》丛书编委会. 当代中国建筑师——戴复东 吴庐生[M]. 北京：中国建筑工业出版社，1999.

[5] 戴复东. 追求·探索——戴复东的建筑创作印迹[M]. 上海：同济大学出版社，1999.

[6] 高陶. 阳光伉俪——记同济大学教授，中国工程院院士戴复东 中国工程设计大师吴庐生[M]. 北京：中国大百科全书出版社，2007.

[7] 《同济大学百年志》编纂委员会. 同济大学百年志[M]. 上海：同济大学出版社，2007.

[8] 伍江. 王者轨迹——同济建筑之路[J]. 时代建筑，2007(5)：5.

[9] 钱锋. 同济现代建筑思想的渊源与早期发展[J]. 时代建筑，2007(4)：13.

[10] 郑时龄. 建筑大师和同济学派[N]. 文汇报，2007-06-04.

[11] 王季卿. 追忆文远楼设计者黄毓麟师兄[N]. 同济报，2006-12-30.

[12] 戴复东. 越洋行踪 1983—1984，手稿，2009.

[13] 吴庐生. 我的足迹，手稿，2008.